무인양품은 90%가 구조다

MUJIRUSHIRYOHIN WA SHIKUMI GA
9 WARI SHIGOTO WA SIMPLE NI YARINASAI
© Tadamitsu Matsui 2013

Edited by KADOKAWA SHOTEN
First published in Japan in 2013 by KADOKAWA CORPORATION, Tokyo
Korean translation rights arranged with KADOKAWA CORPORATION, Tokyo
through The English Agency (Japan) Ltd. and Danny Hong Agency.
Korean translation copyright © 2014 Prunsoop Publishing Co., Ltd.

무인양품은 90%가 구조다

노력을 성과로 직결시키는 구조의 힘

마쓰이 타다미쓰 지음 | 민경욱 옮김

차례

1   V자 회복을 달성하는 구조의 비밀
'사람을 바꾸는' 게 아니라 '구조를 만든다'

2 결정한 것을, 결정한 대로 반드시 실천하라

'경험'과 '감'을 배제하라

3 회사를 강하게 만드는 심플한 원칙

'타자'와 '타사'로부터 배워라

4 생산성을 세 배로 늘리는 구조
'보상받지 못하는 노력'을 없애는 방법

어떻게 하면
효율적으로 일할까

《무인양품無印良品은 90%가 구조다》는 일본에서 10만 부나 팔린 베스트 셀러가 되었습니다. 뜻밖의 높은 판매량에 기쁘면서도, 일에 대해 고민하는 이들이 많다는 것을 알게 되었습니다.

'MUJI'는 지금까지 24개국에 매장을 내며 해외시장 진출에 있어서 일본 유통기업 중 선두를 달리고 있습니다. 현재 12개 점포를 운영하고 있는 한국에서는 전년 대비 매출이 30% 이상 상승하며 성장세를 유지하고 있습니다. 이런 한국 무인양품도 한때 부진을 겪은 적이 있습니다. 그때 이 책에서 소개한 무인양품만의 매뉴얼들이 도움이 되었습니다.

무인양품 매장에서 쓰이는 〈무지그램MUJIGRAM〉은 일반적인 매뉴얼과는 크게 다릅니다. 적힌 내용을 그대로 따라 한다는 점은 같지만 현재보다 나은 안이 나오면 그때그때 반영합니다. 그리고 한 달에 한 번 정리해 회사 전체에 배포합니다. 변경한 사항은 반드시 점포에서 적용, 실행합니다. 일본에는 모두 13권의 매뉴얼이 있고, 한국 현지 상황에 맞춘 매뉴얼만도 4권이 있는데 모든 점포는 이를 기준으로 운영합니다.

점포 오픈에 대한 기준은 무인양품 본사에서 쓰이는 매뉴얼 〈업무기준서〉에 출점기준서로 정리되어 있습니다. 출점기준서는 후보지가 점포를 내도 되는지 여부를 판단하는 자체적인 기준으로, 매장을 내기 전에 정확하게 매출액을 예상해 손실을 최소화하는 시스템입니다. 이를 도입한 후 일본에서의 출점 성공률은 80%에 달했습니다. 그 전에는 20%밖에 계획을 달성하지 못했는데 상황이 완전히 바뀐 겁니다. 한국에서도 같은 출점기준서를 바탕으로 새로운 점포를 열었고 출점 성공률은 크게 개선되었습니다. 매뉴얼을 정비하고 기준을 마련하는 것, 즉 구조를 만드는 일은 과거에 달성한 최고 이익을 갱신하는 큰 원동력이 되었습니다.

경영에는 국경이 없습니다.

세계 어느 나라, 어느 기업에서나 경영에는 공통적인 진리가 있습니다. 이 책은 무인양품에서 악전고투하며 만든 구조와 경영에 관한 생각이 담겨 있습니다. 회사에는 업종과 업태를 넘어 공통적으로 안고 있는 문제점이 있습니다. 그럴 때 이 책을 자세히 들여다보면 구체적인 답을 발견할 수 있을 겁니다. 또 내내 고민하던 조직 관리와 효율적 업무 방식에 대한 의문이 풀릴지도 모릅니다.

한국의 비즈니스맨들에게 조금이라도 도움이 된다면 그보다 더한 행복은 없을 겁니다. 많은 분들이 이 책을 읽어주시길 진심으로 빕니다.

2014년 9월

마쓰이 타다미쓰松井忠三

'노력'을 '성과'로
직결시킨다

무인양품에는 모든 사원들의 지혜와 노력의 결정체를 담은 13권의 두꺼운 매뉴얼이 있습니다. 업무를 원활하게 처리하기 위해 본사와 점포의 서비스에 관한 모든 표준을 적어놓은 것으로, '무인양품의 모든 것'이 담겨 있습니다.

매뉴얼 하면 딱딱하고 차가운 인상이 들지 모릅니다. 자세히 소개하겠지만 무인양품의 매뉴얼은 결코 무미건조하지 않습니다. 오히려 시간과 노력의 낭비 없이 즐겁게 일하면서 일의 성과를 낼 수 있는 최강의 '도구'지요. 이 책에서 공개하는 무인양품의 매뉴얼을 통해, 저는 '구조를 소중히 여기는 업무 방식'을 소개하려 합니다.

왜 지금 '무인양품의 구조'를 공개하는가

저는 무인양품을 운영하는 주식회사 양품계획良品計画의 회장입니다. 제가 굳이 무인양품의 비밀을 공개해 구조의 소중함을 역설하는 이유는 크게 두 가지입니다.

하나는 조금 과장된 말이지만 함께 노력해 일본 경제에 힘을 보태고 싶기 때문입니다. 지금 일본의 많은 비즈니스맨들은 경제 불황 속에서 버티기 위해 노력에 노력을 거듭하고 있습니다. 그런데 이 같은 '노력'이 올바른 '성과'로 이어지는 경우는 많지 않은 듯합니다. 그렇다면 어떻게 해야 할까요?

그 해답의 힌트는 오래전 부진의 늪에 빠져 있던 무인양품에 있다고 생각했습니다. 여러분 덕분에 무인양품은 국민 브랜드로 성장했고, 지금은 해외에서도 'MUJI'라는 일본발 브랜드로 널리 알려져 있습니다. 그런데 무인양품에도 "무인양품은 이제 끝난 거 아냐?"라며 업계 사람들이 수군거리던 때가 있었습니다. 저는 그처럼 회사가 침체라는 수렁에 빠져 허우적대던 시기에 사장에 취임했습니다.

그때 제가 제일 먼저 착수한 일은 임금을 깎는 것도, 사람을 자르는 것도, 사업을 축소하는 것도 아니었습니다. 바로 구조를 만드는 것이었습니다. 간단히 말해 '노력이 성과로 이어지는 구조', '경험과 감을 축적하는 구조', '낭비를 철저히 줄이는 구조'를 만드는 것이었죠. 그리고 이것이 무인양품 부활의 원동력이 되었습니다.

구조는 조직의 근간에 해당합니다. 이것이 제대로 구축되어 있지 않으면 아무리 구조조정을 해도 부진의 근본 원인이 제거되지 않아 기업은 쇠퇴할 수밖에 없습니다. 무슨 일이든 '기본'이 없으면 응용이 없는 것과 마찬가지이고, '회사의 구조' 없이는 지혜도, 나아가 매출도 생기지 않습니다.

반대로 심플하게 일할 수 있는 구조가 있으면 작업을 낭비하는 일이 없어집니다. 정보를 공유하는 구조가 있으면 일에 속도가 붙습니다. 경험과 감을 축적하는 구조가 있으면 인재를 유동적으로 활용할 수 있습니다. 야근을 허용하지 않는 구조가 있으면 자연스럽게 생산성이 오릅니다. 이처럼 무인양품의 '구조'는 모든 업무에 두루 해당합니다.

"신은 아주 사소한 곳에 깃들여 있다." 독일 출신 건축가 미스 반 데 어 로에Mies van der Rohe가 남긴 유명한 말이죠. 이 말의 의미를 해석하는 데는 다양한 의견이 있지만, 디테일에 매달리는 게 작품의 본질을 결정한다는 의미가 아닐까 생각합니다. 기업의 힘을 결정하는 것도 역시 디테일이고, 그것이 바로 구조입니다.

구조가 바뀌면 사람의 행동도 변한다

제가 구조의 소중함에 대해 역설하는 또 하나의 이유는, 어떤 업종, 어떤 입장에 있더라도 '구조를 소중히 여기는 사고방식'은 일을 하는 데 매우 유용하다고 생각하기 때문입니다. 이 책에는 경영자는 물론이고 일반 비즈니스맨에게도 유용한 내용이 담겨 있습니다. 특히 회사의 과장급 팀 리더들이 꼭 읽었으면 합니다.

리더에겐 늘 고민이 따르게 마련입니다. 해야 할 일이 수도 없이 많죠. 조직 또는 부서의 운영 때문에 골머리를 앓고 있다면 우선은 구조를 다시 세우는 게 어떨까요? 이를 통해 대부분의 고민은 해결할 수 있을 겁니다. 보통 실적을 올리려고 할 땐 일의 할당량을 늘리거나 부하들을 독려합니다. 그것도 필요하긴 하지만 그보다는 구조를 만드는 일이 중요합니다. 구조가 바뀌면 사람의 행동도 자연스럽게 바뀌니까요.

팀이 가진 고민의 해답이 이 책에 쓰여 있습니다. 리더가 '노력이 성과로 이어지는 구조'를 만들지 못하면, 기업은 더욱더 기운을 잃게 됩니다. 반대로 일의 생산성을 높이는 구조를 정비하면 아마 어떤 기업이라도 기운을 회복해 업적을 이뤄낼 것입니다. 이 책이 기업들에 힘을 주는 계기가 되었으면 합니다.

무인양품 회장
마쓰이 타다미쓰

1

V자 회복을 달성하는 구조의 비밀

'사람을 바꾸는' 게 아니라 '구조를 만든다'

38억 적자에서 V자 회복을 실현하다

2001년 8월 중순, 38억 엔의 적자가 났다는 사실에 무인양품은 충격을 받았습니다.

무인양품이라는 브랜드가 태어난 지 20년. 모기업인 세이유西友에서 주식회사 양품계획으로 독립한 지 10년이 지난 때였습니다.

그때까지 무인양품은 계속 상승곡선을 그리고 있었습니다.

당시는 거품 경제 붕괴 후의 '잃어버린 10년'이라는 얘기가 돌 정도의 오랜 불경기로 실물경제는 얼어붙고 백화점이나 대형 소매점도 모두 침체되어 있었습니다. 그런 와중에도 무인양품은 적자 한 번 내지 않고 1999년에는 판매액 1066억 엔, 경상이익(영업이익과 영업 활동 이외의 손익을 합친 이익) 133억 엔을 달성했습니다.

그런 성장세는 '무인 신화'로까지 회자되었습니다.

그런데 몇 년 사이 38억 엔의 적자로 돌아선 것입니다.

세상의 평가도 180도로 바뀌어, '무인양품의 시대는 끝났다'는 얘기가 퍼졌습니다. 회사 내에서도 '이 회사도 이제 끝인가?'라며 포기하는 분위기가 만연해 있을 그때, 제가 사장에 취임한 것이죠.

보통 적자를 낸 기업이 제일 먼저 착수하는 일은 구조조정, 조기 퇴직에 따른 인건비 절감, 채산성 나쁜 부문에서의 철수, 자산 매각 등이 있죠.

하지만 저는 그런 방법으로는 근본적인 문제를 해결할 수 없다고 생각했습니다. 그렇기에 그보다 무인양품 위기 뒤에 숨어 있는 근본적인 원인이 무엇인지를 연구하기 시작했습니다.

그리고 무인양품이라는 브랜드가 출범하고 20년이 지난 그 시점에서야, '브랜드의 혁신이 고객의 요구에 미치지 못한 게 가장 큰 원인이 아닐까'라는 생각에 이르렀습니다.

게다가 모기업인 세이유가 오랜 역사를 가진 세존그룹Saison Group의 계열사였던 점도 영향이 있었습니다. 세존으로부터 경험과 감에만 전적으로 의존하는 체질을 이어받은 탓에 사원이 상사나 선배만 그대로 따라 하며 배우는 경험지상주의가 만연해 있었던 겁니다.

20

업무 스킬이나 노하우를 축적하는 구조가 없었기 때문에 담당자가 없어지면 다시 처음부터 기술을 구축해야만 했던 것입니다.

이런 방식으로는 눈이 핑핑 돌 정도로 빠르게 변화하는 지금의 비즈니스 환경에 적응할 수 없습니다.

그래서 제가 생각한 해결책이 '구조'입니다

구조를 만든다는 것은 회사의 풍토, 사원이 만들고 있는 사풍社風을 바꾸려는 시도이기도 합니다. 세존의 색깔에 물든 풍토를 무인양품의 색으로 새롭게 칠하는 것이죠. 그것이 곤두박질친 바닥에서 다시 위로 기어 올라갈 수 있는 유일한 방법이라고 굳게 믿었습니다.

물론 채산성이 떨어지는 점포의 폐쇄와 축소, 해외 사업의 구조조정과 같은 대수술도 필요했습니다. 하지만 동시에 사내 업무의 재조정도 시작해 매장 매뉴얼 〈무지그램MUJIGRAM〉과 본사 매뉴얼 〈업무기준서〉를 정비해 철저한 가시화에 나섰습니다.

그 결과, 2002년에는 증익(지난 결산기 대비 이익이 증가하는 것)으로 전환되었고, 2005년에는 판매액 1401억 엔, 경상이익 156억 엔으로 당시 최고의 수익을 달성했습니다. 사장으로서 마지막으로 재직한 2007년에는 3년 연속 최고의 판매액 1620억 엔, 경상이익 186억 엔을 달성했습니다.

'구조를 만들면 어떤 시대에도 승리할 수 있는 조직 풍토를 만들 수 있다.' 이것은 무인양품만이 아니라 어떤 기업에나 통용되는 법칙입니다. 사원 하나하나에게 동기를 부여하고 능력을 최대한 이끌어내 조직을 강화하는 것은 극적인 개혁이 아닙니다. 필요한 것은 일관된 업무 관습을 뿌리내리는 일입니다.

이류 전략이라도 일류 실행력이라면 오케이

전략 일류 기업과 실행력 일류 기업.

이 두 기업이 맞붙었을 때 승리하는 쪽은 틀림없이 후자입니다.

물론 전략을 세우는 것도 중요하지만, 어떤 뛰어난 전략도 실행으로 이어지지 않으면 아무 의미가 없습니다.

제가 사장이 된 후 수없이 많이 읽은 책이 있습니다.《실행에 집중하라Execution》입니다. 실제 CEO로서 기업 경영 일선에서 악전고투한 경험이 있는 래리 보시디Larry Bossidy와 하버드 노스웨스턴 대학에서 후학을 양성하는 한편 전 세계 기업 리더들의 조언자로 활약하는 컨설턴트 램 차란Ram Charan, 이 두 사람이 성공하는 기업의 성공 본질을 보여주는 책입니다.

이 책에는 제가 중요하다고 생각해 밑줄을 쳐놓은 부분이 무척 많은데 그중에서도 특히 인상 깊은 말이 있습니다.

"안전한 곳에서 수없이 회의를 하고 논의를 계속하지만 행동은 하지 않는다. 이것이 실행력 있는 기업과 실행력 없는 기업의 차이점 중 하나다."

매일 몇 시간씩 회의를 하면서도 결론을 내지 못하고 다음으로 넘기는 일, 여느 기업에서나 비일비재한 일일 겁니다.

전략이나 계획을 아무리 면밀히 마련해도 실행하지 않는 한 그것은 그림의 떡일 뿐입니다. 전략을 세우는 데서 빚어지는 조그만 실수는 실행력으로 만회할 수 있습니다. 우선은 첫걸음을 떼는 결단이 필요합니다.

무인양품을 탄생시킨 것은 세존그룹입니다.

온 세상이 브랜드를 지향하던 시대에, 안티 세존으로서 노브랜드의 자사 상품을 개발한다는 발상에서 태어났습니다. 당시의 캐치프레이즈는 '이유가 있어서 싸다'였습니다. 디자인은 심플하게, 그리고 소재를 재점검해 생산 공정에서의 낭비를 없애고 포장을 간소화한다는 방침은 시대와 맞아떨어져 소비자들에게 많은 사랑을 받았습니다.

세존그룹은 그런 발상력과 사업 구상력에 뛰어났습니다. 그러나 아쉽게도 그 발상을 실현하는 실행력은 부족했습니다.

양품계획으로 옮겨 오기 전, 저는 세이유에서 일하고 있었습니다. 한 번은 당시 세존그룹의 대표였던 쓰쓰미 세이지堤淸二 씨에게 기획 승인을 받기 위해 세이부 백화점 계열인 파르코 백화점 담당자와 함께 방대한 제안서를 준비한 적이 있습니다. 일주일 동안 연수원에서 먹고 자며 자료를 모아 제안서를 작성했지요.

탁월한 마케터인 쓰쓰미 씨를 만족시킬 만한 마케팅 기획서를 쓴다는 것은 매우 어려운 일이었습니다. 현장에서 들은 정보만을 토대로 작성한 기획안이 통과될 여지는 거의 없습니다. 구상을 최대한 부풀려야 하기에 때로는 현장의 요구를 참작하는 것조차 불가능하죠.

따라서 방대한 기획서를 만드는 것만으로도 기진맥진해버려, 결국 통과되어도 그때쯤엔 실행할 기력이 남아 있지 않았습니다. 게다가 현장을 무시한 탁상공론인지라 제안해도 "이건 무리입니다"라며 일축당하기 일쑤지요.

조직이 거대해질수록 상층부와 현장의 거리는 더 멀어집니다. 그러다 보면 결국 실행력 없는, 머리는 크고 허리와 다리는 약한 조직이 되고 맙니다.

제가 구조를 만드는 데 주력한 것은 무인양품을 실행력 일류 기업으로 만들기 위해서였습니다. 당시의 슬로건은 '**실행 95퍼센트, 계획 5퍼센트**'. 세존의 '상식'은 우리 회사의 '비상식'이 되었습니다.

회사에서 한바탕 격렬한 논쟁을 벌이고 나면 일을 다 한 것 같은 느낌이 들지 않나요?

저는 회의 자리에서 논쟁은 어울리지 않는다고 생각합니다.

회사에서는 사원들이 열심히 논쟁을 벌여 방향성을 결정하는 게 아니라, 방향은 위에서 결정하고 방향이 결정되면 사원들이 실행에 모든 에너지를 쏟아 부을 수 있도록 몸을 가볍게 해둬야 합니다(물론 실행을 위한 논의는 필요하지요).

그 속도와 판단력은 구조를 통해 쌓입니다.

이해하기 쉬운 일례로, 종이 없이 하는 회의만으로 회의 준비 작업을 크게 줄일 수 있습니다.

줄어든 시간만큼 다른 업무에 주력할 수 있기 때문에, 종이를 치우는 것만으로도 조직의 허리와 다리가 강해집니다.

이것은 기업뿐만 아니라 부서 단위에도 적용됩니다. 실행력 있는 팀을 만들기 위해서는 쓸데없는 작업을 철저히 없애고, 현장 사원이 능동적으로 움직일 수 있는 구조를 만드는 것이 꼭 필요합니다.

경험주의가 회사를 망친다

제가 양품계획의 무인양품 사업부장에 취임했을 때의 일입니다.

지바 현의 가시와 다카시마야 스테이션몰에 신규 출점이 결정되어 오픈 전날 현장을 방문했습니다. 늘 그렇지만 오픈 전날은 점장도 스태프도 모두 잔뜩 흥분해 정신없이 돌아다닙니다.

오후 6시 무렵이 되자 상품 진열이 끝났고, 스태프들은 "손님이 많이 오면 좋겠다", "이 상품은 나도 갖고 싶어"같은 얘기를 나누면서 한숨을 돌리고 있었습니다.

그때 다른 점포의 점장이 응원차 들렀습니다. 그런데 매장을 쭉 둘러보더니 "이래선 안 돼, 무인답지가 않아"라며 갑자기 상품 진열을 바꾸기 시작했습니다.

새로운 점포의 점장은 당황했지만 결국 선임 점장의 뜻에 밀려 스태프를 총동원해 상품 진열을 바꿨습니다.

일을 겨우 끝냈을 때 이번에는 다른 점장이 찾아왔습니다. 그러더니 "여기는 이렇게 하는 게 좋아"라며 수정을 지시하는 거였습니다.

이런 식으로 응원차 방문한 점장들이 저마다 각기 다른 방식으로 매장 진열을 바꾸게 하는 통에 자정이 넘도록 작업이 끝나지 않았습니다.

26

그때는 점장의 수만큼 점포를 가꾸는 관행이 있었던 것입니다.

그 광경을 보면서 저는 '이래선 안 되겠구나. 이대로 가면 무인양품의 미래는 없어'라고 느꼈습니다.

나쁜 예감은 적중하는 법입니다.

무인양품의 모회사였던 세이유의 실적이 악화되어 희망퇴직자를 모집하자, 제일 먼서 수수한 사인들이 빠져나갔습니다. 그중 대다수가 점장이었습니다.

점장이 없어지면 그 점포에서 지금까지 쌓아올렸던 노하우도 함께 없어집니다.

매장 가꾸기 노하우는 점장의 머릿속에만 있었으니 스태프에게는 아무것도 남아 있지 않았던 것입니다.

당시 매장 가꾸기는 개인의 센스와 감각에 달려 있었습니다. 아마도 감각 있는 점장의 지휘 아래에서는 훌륭한 매장이 탄생하겠지요.

그런데 그런 '백 점 만점'짜리 점장은 백 개 점포 중에서 두세 점포에 불과합니다. 반 수 이상의 점포는 표준 이하인 60점짜리 점포 가꾸기를 하고 있는 상태였습니다. 이런 방식으로는 고객들을 만족시킬 수 있는 환경과 상품을 제공할 수 없었습니다.

차라리 백 점짜리 점포 몇 곳을 만들기보다는 모든 점포가 고르게 합격점을 받는 80~90점짜리 점포로 만드는 편이 장기적으로 더 나을 수

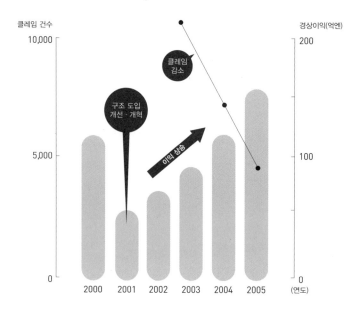

[이렇게 무인양품은 V자 회복을 이뤘다]

**2001년 부터의 구조 도입 · 개혁 후
이익이 늘어남과 동시에 고객 클레임 건수가 감소**

있습니다.

　그렇게 하기 위해서는 지금까지 개인의 감각과 경험에 의존하던 것을 기업의 재산으로 만들 수 있도록 합리적인 구조를 갖추는 일이 필요하겠죠. 바로 이런 필요성에서 매뉴얼 〈무지그램〉을 만들어야겠다는 발상이 탄생한 것입니다.

사장 취임 직후에는 적자로 빈사 상태에 빠진 회사의 출혈을 막기 위해 드라마틱한 개혁에 손을 대는 한편, 실적이 상향 곡선을 그리기 시작하자 구조 만들기에 본격적으로 돌입했습니다. 〈무지그램〉 매뉴얼 구축이 시작된 것이죠.

구조 만들기는 제가 사장일 때만이 아니라 회장이 된 지금까지도 계속되고 있습니다. 조직의 개혁은 하루아침에 이루어지지 않습니다.

리더에게 필요한 것은 철저함입니다. '사장은 조직으로 향하는 모든 벡터를 통합해야 한다.' 이 말을 명심하며 매일 각오를 다졌습니다.

문제를 해결하는 구조의 힘

무인양품이 안고 있던 문제는 이 책을 읽고 있는 독자들의 회사 내부 문제와 공통점이 많을지도 모릅니다.

이번 장에서는 무인양품이 구조를 다시 세움으로써 개혁에 성공할 수 있었던 이야기를 통해 기업의 V자 회복 방법을 알아보겠습니다.

무인양품이 위기에 직면했을 때, 우선 회사의 실적이 악화된 원인이 무엇인지를 다양한 각도에서 분석해봤습니다.

그리고 다음의 여섯 가지 내부 요인을 찾았습니다.

① 회사 내에 만연한 나태한 마음과 허세

② 급속히 퍼진 대기업병

③ 초조함에서 오는 단기적인 대책

④ 브랜드의 약화

⑤ 잘못된 전략

⑥ 구조와 풍토는 구축하지 않은 채 사장만 교체하는 관습

이에 더해 유니클로Uniqlo와 다이소Daiso등의 다른 경쟁사가 대두했다는 외부 요인도 있었습니다. 여기까지 파악한 뒤 생각을 멈췄다면 문제의 본질을 찾아낼 수 없었을 겁니다. 내부 깊숙한 곳에 숨어 있는 문제를 파악하지 않으면 적절한 대응을 할 수 없기 때문입니다.

점포를 수없이 찾아가 사원들의 의견을 직접 들었습니다. 내 눈으로 보고 귀로 들어 문제점을 발견한다, 그것이 문제 해결의 첫걸음입니다.

하지만 여기까지는 어떤 기업이나 하는 일이죠.

문제는 그것을 해결하는 실행력입니다.

문제점을 찾은 뒤, 이번에는 그런 문제를 낳은 구조를 찾기 시작했습니다. 반드시 어딘가에 그 문제를 만드는 구조가 있기 때문입니다. '경기가 나빠졌기 때문에', '사원의 의욕이 부족해서'와 같은 막연한 이유로 문제가 일어나진 않습니다. 그 정도에서 문제 찾기를 그만두는 것은 사고 정지Thought Stopping와 마찬가지입니다.

문세가 빌견된 구조를 새로운 구조로 바꾼다. 그렇게 해야 조직의 체질이 바뀌고 실행력 있는 조직이 됩니다.

이를테면 거품 경제가 붕괴된 후 일본에서는 종신 고용이나 연공서열(근속 연수나 나이가 늘어감에 따라 지위가 올라가는 일 또는 체계)은 나쁜 관습이라는 생각이 퍼져 대다수 기업이 인사 제도를 수정했습니다.

유럽형, 미국형 성과주의를 제일 먼저 도입한 후지쓰Fujitsu에서 이런 성과주의가 제대로 기능하지 못했던 것은 잘 알려진 사실입니다. 사원 각자가 자기만의 목표를 고집하느라 팀의 성과를 무시하거나, 적정한 평가를 받지 못했다는 이유로 조직 내부가 흔들리며 오히려 실적이 악화되었습니다.

이 역시 본질에서 벗어난 개혁을 한 결과겠죠.

책임자를 교체하고 구조조정을 하는 식의 대처만으로는 체질까지 바꿀 수 없기 때문에 경기가 나빠지면 다시 위기에 빠집니다. 근본적인 원인을 찾아내 구조를 새롭게 바꾸지 않으면 체질은 바뀌지 않습니다.

계속해서 성장해온 무인양품의 이익이 처음 감소세로 돌아섰던 가장 큰 원인은 잇따른 대형 점포 출점으로 투자 비용이 예상보다 많이 들어간 점, 또 대형화된 매장에 구색을 갖추기 위해 개발한 상품 수가 너무 늘어난 점이었습니다.

4년 반 동안 가짓수가 두 배가 될 정도로 개발을 한 탓에 오히려 상품 하나하나의 힘은 떨어지다 보니 히트 상품이 나오지 않았던 것입니다.

그 배경에 있는 것은 '무인양품'이란 이름에 의지한 경영진이나 사원의 안이한 자세입니다. 그로 인해 무인양품이 계속 성장하던 그 시기에 오히려 회사 내부는 서서히 부식되고 있었던 거죠.

'매장만 내면 팔린다', '상품을 만들면 팔린다'라며 무인양품의 브랜드를 과신한 것입니다.

실적이 좋은 시기에, 다이소와 홈 인테리어 전문 업체 니토리Nitori는 무인양품의 상품을 사들여 이리저리 연구했습니다. 같은 질의 상품을 30퍼센트 싸게 만들어 파는 노력을 한 것입니다.

하지만 위기의식이 전혀 없었던 무인양품에서는 그때까지의 방식을 바꾸려 하지 않았습니다.

오히려 당시 거래처들이 위기의식을 느끼고 "니토리에서 이런 상품이 나왔으니까 무인양품도 만들면 어떻겠느냐?"며 제안해올 정도였죠. 그런 조언을 듣고도 담당자가 감사하는 마음을 갖기는커녕 "무인양품은 가만히 있어도 팔리니까 이대로도 괜찮습니다"라고 일축해버리는 상황이었습니다.

회사 내에 허세와 나태가 만연했던 것입니다.

이것은 대기업이나 오랜 전통을 자랑하는 기업, 실적이 좋은 기업에서 자주 보이는 광경이죠. '우리 회사는 괜찮아'라며 안심하고 위기감을 전혀 느끼지 않는 것입니다.

현재 일본의 가전 업계가 위기 상황인데, 사원들은 아직도 '설마 도산이야 하겠어?'하는 안일한 생각을 한다는 얘기를 듣기도 했습니다.

무인양품 역시 적자로 돌아선 뒤에도 그런 허세가 사라지지 않았습니다.

문제점을 털어내고 해결안을 모색한다는 것이 겨우 과거 성공 사례의 연장선상에서 맴도는 생각만 내놓을 뿐이었습니다.

사원, 또는 부하 직원의 의식을 어떻게 바꾸면 좋을까.

이것은 대다수 리더가 직면하는 문제일 겁니다.

대개는 교육을 통해 바꿀 수 있다고 생각해 외부에서 컨설턴트를 초빙해 의식 개혁을 도모합니다.

하지만 그것은 그다지 좋은 시도는 아닙니다.

제가 세이유에서 인사담당자로 일할 때의 이야기입니다.

실적이 악화되자 사내에서도 점점 위기 의식이 팽배해졌습니다. 그런 상황에서 우선은 간부의 의식을 개혁하려고 이사부터 부장까지 3백 명 정도의 간부를 2박 3일간의 연수에 참가시켰습니다.

연수 형태는 참가자를 그룹별로 나눠 저마다 그룹 내의 사람들에게 장점과 단점을 지적받는 360도 다면 평가로 구성했습니다.

간부가 될 정도의 사람이라면 지금까지 쌓아온 실적과 회사에 대한 나름의 자부심이 있기 때문에, 다른 사람에게 생각지도 못한 단점을 지적받는 것은 불쾌한 일이었습니다. 연수가 끝난 밤, 간담회 자리에서 저는 간부에게 불려가 "자네, 어째서 이런 연수를 기획한 건가!"하고 질책을 받았습니다.

그렇게까지 고생해서 실행한 의식 개혁 연수는 어느 정도의 성과를 거뒀을까요?

전혀 없었습니다.

충격 요법도 아무런 효과를 보지 못했고, 의식 개혁 역시 이뤄지지 않았습니다. 결국 세이유는 점차 다시 일어서지 못할 만큼 주저앉았습니다.

이런 경험을 통해, 저는 느닷없는 의식 개혁은 큰 변화를 가져오기 어렵다는 사실을 깨달았습니다.

34

애당초 비즈니스 모델이 세상의 요구와 맞지 않아 실적이 악화된 것인데 사원의 의식만 바꾼다고 문제가 해결될 일은 아니었던 거죠.

비즈니스 모델을 수정하고 그에 맞는 구조를 만든 뒤, 그 **구조를 납득하고 실행하는 가운데 비로소 사람의 의식이 자연스럽게 변하는 것입니다.**

이런 순서가 틀리면 애써 실행한 개혁도 헛되이 끝나버립니다. 본질적인 부분부터 착수하지 않으면 근본적인 개혁은 실현되지 않습니다.

아이디어는 어떻게 현실이 되는가

대기업병에 걸리면 리더의 마음은 현장과 멀어집니다.

그 간극을 메우기 위해서는 리더가 영업 현장에 나가 현장 직원들의 목소리를 듣는 방법밖에 없습니다.

제가 사장에 취임하고 제일 먼저 한 일도 점포를 돌아다니는 것이었습니다. 당시 상무였던 가나이 마사아키金井政明와 동행해 전국의 직영점 107곳을 빠짐없이 돌았습니다.

그저 시찰차 돌아다니는 것만으로는 표면적인 것밖에 알 수 없습니다. 그래서 밤에는 점장을 비롯한 모든 스태프들과 함께 회식을 하며 허심탄회하게 얘기할 수 있는 장을 마련했습니다.

처음에는 경계하며 예의를 갖춘 말만 하던 점장들도 우리가 이야기를 들을 자세가 되어 있다고 판단한 순간 서서히 속내를 꺼내놓기 시작했습니다.

그렇게 해서 본사에 있으면 결코 알 수 없는 현장의 문제점을 다양하게 발견하게 되었지요. 과잉 재고 문제도 가게를 돌며 깨달은 점입니다.

본사 분위기는 의기소침했지만 다행히 점포들은 아직 활기가 있었습니다. 무인양품의 점장이나 스태프들은 대다수가 원래 무인양품의 팬이었던 사람들이라 가게를 사랑하는 마음이 강했습니다. '고급 지향, 브랜드 지향에 대한 안티테제'라는 창업 당시의 콘셉트가 사람을 끌어들인 거겠죠. 스태프들도 시원시원한 목소리로 손님을 응대했고, 가게마다 이런저런 연구를 하며 물건을 팔기 위해 노력하고 있었습니다.

현장 스태프들은 '우리가 더 열심히 하지 않으면 안 돼'라고 생각하며 다양한 지혜를 모았습니다.

나중에 설명하겠지만 무인양품에서는 전년도 데이터를 바탕으로 매장의 재고관리와 자동 발주를 연동시키는 구조를 만들었습니다. 다만 컴퓨터에만 의존하면 특별 이벤트를 했을 때나 기온 변화가 급격할 때와 같은 변수에 프로그램이 대응하지 못해 매장 재고에 구멍이 생기는 사태가 벌어집니다.

이때 매장에서 인기 상품만을 특별히 많이 들이면 되지 않겠느냐는 의견이 쇄도했습니다. 이런 아이디어에 귀를 기울이고 이를 구조화함으로써 현장과의 의사소통을 도모했습니다.

현장에서 제시한 의견을 자세히 검토하는 한편, 점포에서는 '인기 상품 베스트 100'을 파악해 그 상품을 눈에 띄는 곳에 진열하는 제도를 만들었습니다. 이것을 '인기 상품 조사'라고 부르는데, 이 제도 덕분에 재고관리가 더 원활해졌습니다.

또 '한 상품에 주력하기'라는 제도도 현장에서 태어난 아이디어가 현실화된 경우입니다. 이 제도는 매장의 점원들 각자가 팔고 싶은 상품을 하나씩 선정해 시험 가격으로 20퍼센트 싸게 판매하는 것입니다. 스태프 각자가 스스로 상품을 선택하고, 나름의 의견을 갖고 고객에게 상품을 소개하기 때문에 자연스럽게 공을 들입니다.

이 같은 자발성이 있었기 때문에 실적 부진의 위기 상황에서도 현장의 분위기는 매우 긍정적이었습니다. 덕분에 무인양품이 빨리 다시 일어설 수 있었다고 생각합니다.

실적이 부진한 현장에서 아무리 리더가 판매 향상을 독려해도 사원은 움직이지 않죠. 우선은 현장과의 틈을 메우고 불만의 소리에 귀를 기울여 함께 해결책을 모색해야 합니다. **이 시대의 리더에게 필요한 것은 카리스마가 아니라 현장에서 자유롭게 말할 수 있는 풍토를 만들고 그 의견을 구조로 만드는 힘입니다.**

고객의 소리로 히트작 만들기

종종 '클레임은 보물'이라는 얘기를 하지만, 고객의 목소리를 활용하는 구체적인 시스템을 갖춘 회사는 많지 않을 겁니다.

고객의 소리를 모으는 구조는 매우 중요합니다. 무인양품에도 전화나 메일 등을 통해 고객들의 요구가 매일 들어옵니다.

"상품의 실밥이 풀려 있어요", "전에 샀던 것보다 지우개가 물러요" 같은 지적도 있고 "바퀴 부분만 교환할 수 있나요?"같은 문의도 있습니다.

이런 의견을 모두 모아 '의견 내비게이션'이라는 소프트웨어에 입력한 뒤 관계자가 매주 1회 체크해 상품에 반영할지 여부를 결정합니다.

동시에 '생활양품연구소'라는 사이트를 만들어 고객과 의사소통하면서 상품을 개발하는 구조도 정비했습니다.

생활양품연구소에는 "머리가 더워지지 않는 모자를 만들 수 없나요?", "이런 크기의 책상을 만들면 좋겠다" 등 다양한 요구가 들어옵니다. 이 역시 관계자가 주 1회 숙지한 후 상품화 여부를 결정합니다.

고객의 목소리에서 탄생한 상품의 대표적인 예가 바로 '몸에 꼭 맞는 소파'입니다. 네모 상자 모양의 소파 안에 미립자 구슬를 넣고 신축성이 좋은 커버를 씌워서, 기대거나 누울 때마다 몸에 딱 맞게 형태가 변형되는 상품이죠.

이것은 "방이 좁아서 소파를 놓을 수가 없는데, 커다란 방석에 소파의 기능을 넣으면 어떨까요?"라는 고객의 요구에서 태어난 것입니다. 지금도 연간 10만 개나 팔리는 대히트 상품이죠.

고객들도 자신의 목소리가 상품에 어떻게 반영되는지를 알 수 있기 때문에 생활양품연구소 활동에 적극적으로 참여합니다. 이런 구조도 무인양품의 상품력을 강화하는 데 큰 역할을 하고 있습니다.

클레임도, 새로운 요구도 실제로 유용하게 활용해야만 진정한 보물이 됩니다. 당신의 회사에도 보물 같은 아이디어가 산더미처럼 쌓인 채 잠들어 있지는 않나요?

허울뿐인 돌파구에 주의하라

어느 기업이나 어떤 팀이나 실적이 부진하면 우선 상품이나 서비스부터 수정합니다. 지금까지 없었던 상품을 개발해 심기일전을 도모하거나 유행을 좇는 등 생각할 수 있는 모든 일을 시도합니다.

그렇게 해서 히트작이 나오면 좋겠지만 대개는 불발로 끝납니다. 궁해지면 둔해지는 전형적인 경우로, 눈앞의 이익만을 좇기 때문입니다.

무인양품도 실적이 악화되었을 때는 혼돈이 극에 달했습니다.

일례로 한때 빨강이나 오렌지색이 들어간 조합이 화려한 색의 의류를 판매한 적이 있습니다.

원래 무인양품 상품 제작 콘셉트는 자연의 색과 천연 소재만을 사용하는 것이었습니다. 그렇기 때문에 상품의 색은 자연스럽게 흰색, 베이지색, 회색 같은 기본적인 색조가 중심이 됩니다. 그런데 이따금 고객에게서 "모노톤만 있으니까 질려요. 좀 더 컬러풀한 옷이 있었으면 좋겠어요"라는 요구가 들어오기도 합니다. 그때도 그런 요구가 있었습니다. 그러자 상품 개발자가 '혹시 이게 실적 회복의 돌파구가 되지 않을까' 하는 생각에 화려한 색의 상품 개발에 뛰어든 겁니다.

사원도 실적 악화를 극복하는 일에 필사적이었기 때문에 새로운 스타일의 옷이 완성되자 홍보에도 열을 올렸습니다. 평소의 무인양품과는 다른 신선함이 있었기 때문인지 분명 한동안은 잘 팔렸습니다.

그러나 순조로운 판매 상황이 오래 지속되지는 못했습니다.

많은 고객이 다른 매장에는 없는 것을 찾아 우리 매장을 찾아오는 것인데, 다른 매장에는 없는 '무인양품다움'을 잃어버렸으니 굳이 무인양품을 찾을 의미가 없어진 것이죠.

자연의 색과 천연 소재를 사용해 심플한 것을 만든다는 **브랜드의 근간에 해당하는 부분은 바꿔서는 안 되는 것**이었습니다.

실적이 악화될 때 전략이나 전술의 수정을 도모하는 것은 필요한 일이지만, 건드려선 안 되는 축을 건드리면 고객은 떠나간다는 것을 배웠습니다. 일본의 대다수 상품 제작 업체가 부진을 면치 못하고 있는 이유도 여기에 있다고 생각합니다.

이는 가령 초밥집에서 초밥이 팔리지 않으니까 고객의 의견을 듣고 안주 메뉴를 보태는 바람에 여느 선술집과 다른 바 없어져, 결국 선술집과의 경쟁에서도 지고 마는 경우와 마찬가지입니다.

유행을 따르는 게 편하긴 하지만 유행은 말 그대로 한때에 지나지 않는 경우가 대부분입니다. 고객을 최우선으로 삼아 그들의 의견을 듣는 것도 중요하지만, 기준 없이 반영하다가는 브랜드의 콘셉트가 흔들리고 맙니다.

발판을 단단히 다지기 위해서는 **회사가 목표로 해온 콘셉트를 다시금 확인해 진화시키는 방향으로 경영 전략을 세워야** 합니다.

우수한 인재는 모이지 않는다. 그러니 키우는 구조를 만들어라

매우 우수하고 스타성까지 갖춘 사원이 하나 있으면 부진하던 부서도 단박에 회복될 것 같습니다. 우수한 사원은 어느 기업, 어느 부서에서나 절실히 원하는 존재지요. 외국계 기업에서는 우수한 인재가 대우가 좋은 기업을 찾아 이리저리 옮기는 일이 빈번하게 일어납니다.

확실히 그런 사원은 조직의 활력소가 될지도 모릅니다. 그러나 그 사원이 빠져나가면 조직은 어떻게 될까요.

그런 사원은 노하우를 남기지 않고 사라지기 때문에 남겨진 조직의 실적이 단박에 나빠지는 경우도 있습니다. 그렇기에 우수한 인재는 어디선가 데려오는 게 아니라 조직 안에서 꾸준히 키워야 합니다.

무인양품의 의복 잡화 부문 실적이 부진했을 때의 일입니다. 이런 결과에 책임지는 의미로 사원 몇 명이 사직을 했습니다. 그 빈자리를 메우기 위해 구인 광고를 내고 의류업계 경험자를 모집했지요.

그러자 유명 브랜드에서 개발을 담당했던 화려한 경력의 소유자들이 모여들었습니다. '자, 이제 어떻게든 되겠구나' 하고 생각한 것도 잠시, 상황은 오히려 더 혼란스러워졌습니다.

조금 전 얘기했던 것처럼 무인양품의 원래 콘셉트에서 완전히 벗어난 상품을 만들거나, 다른 회사의 상품을 베끼는 등 지금까지 유지해온 무인양품의 풍토가 경시된 것입니다. 그중에는 거래처에 리베이트를 요구하는 사람도 있었습니다.

이런 경험에서 배운 것이 있습니다. '우수한 인재는 간단히 모을 수 있는 게 아니다.' 애당초 우수한 인재라면 그 회사가 절대 놓아주지 않았겠죠.

우수한 사람을 스카우트하기 위해 비용을 지불하는 게 아니라 우수한 인재를 기를 수 있는 사내의 인재 육성 구조를 만드는 것이 시간은 오래 걸리더라도 조직의 골격 자체를 튼튼하게 합니다.

무인양품에서는 '인재위원회', '인재육성위원회'라는 두 기관을 만들었습니다. 간단히 소개하면, 인재위원회는 인재의 인사이동과 배치를 검토하고, 인재육성위원회는 교육 연수 등을 계획합니다.

이 같은 구조를 만든 이유는 **인재는 적시적지에서 길러지기 때문입니다.**

영업이 맞지 않는 사원에게 몇 년씩 영업일을 시키는 것은 소모적인 일일 뿐입니다. 사람에게는 잘하는 일과 그렇지 못한 일이 있는 만큼, 각자가 뛰어난 성과를 끌어낼 수 있는 부서에 배치하는 것도 리더의 역할입니다.

사람의 적성을 파악할 때도 개인적인 감정에 휘둘리지 않는 것은 기본입니다.

무인양품에서는 '커리파'라는 성격 판단 툴을 사용해 사원들의 적성을 판단합니다.

지나치게 시스템에 의존하는 게 아닐까 생각할지 모르지만, 직속 상사의 판단에만 맡기면 호불호의 감정이 개입되어 냉정한 판단이 불가능해집니다.

또한 점포 스태프도 아르바이트에서 정사원으로 올라갈 수 있는 제도가 있습니다. 그중에는 열여덟 살에 아르바이트를 시작해 스물둘에 정사원이 되고 스물셋에 점장을 맡은 데 이어 스물다섯에 MD(머천다이저, 상품 입고 담당자)가 된 경우도 있습니다. 실력이 있는 사람에게 기회를 주는 구조를 정비한 것입니다.

물론 인재 육성은 각기 조직에 맞는 방법이 있다고 생각합니다.

어쨌든 중요한 것은 '조직의 이념과 구조를 익힌 인재'를 기르는 것입니다.

유능한 사원을 기른다고 해도 반드시 우리 회사에만 공헌하리라는 보장은 없다는 것도 유념해야 합니다.

두 번 실패해야 제대로 배운다

2001년 3월, 저는 니가타 현의 오지야 시에 있는 소각처리장에 있었습니다.

눈앞에 종이 상자들이 산처럼 쌓여 있고, 그 상자들 안에는 나가오카 물류센터에 있던 의류 재고가 들어 있었습니다. 무인양품의 직원에게는 '자식' 같은 것이죠.

그것을 커다란 크레인이 한 움큼 집어 차례차례 불 속으로 던져 넣었습니다. 화염 속에서 불타오르는 상품들을 지켜보는 사람들의 눈이 젖어드는 것은 연기 때문만은 아니었습니다.

저는 굴뚝에서 솟아오르는 연기를 보며 '이게 무인양품이 놓여 있는 상황이야'라고 다시금 되새겼습니다. 이걸로 고름을 짜낼 수 있게 되었다고 말이죠.

사장에 취임하고 얼마 되지 않아 저는 이같은 큰일을 치렀습니다.

취임 후 전국의 직영점을 돌아다녀보니 점포 앞이 지저분하다는 것을 깨달았습니다. 지저분하다는 게 청소를 안 했다는 의미는 아닙니다. 그해 봄의 신상품을 진열해놓은 한편에다 팔다 남은 작년과 재작년 봄·겨울 상품을 처분하기 위한 POP 광고판이 빼곡히 서 있었다는 뜻입니다.

아까우니까 다 팔고 싶은 스태프의 마음은 이해하지만, 팔다 남은 물건에 손을 대는 고객은 많지 않습니다. 무인양품 의류가 기본 형태의 무난한 디자인이라고는 해도 매해 소비자 선호에 따른 상품 디자인의 경향은 분명히 있습니다.

2001년 그해의 재고 상품은 장부 기록만으로 38억 엔, 판매가로 1백억 엔이나 되었습니다. 보통은 가격을 좀 더 할인해 다 팔아치우자고 생각할지 모릅니다. 그러나 저는 불량 재고를 상품 개발 담당자 앞에서 태우는 선택을 했습니다.

새 상품이 계속 나오므로 재고 상품을 어떻게 처분할지 대응할 시간이 얼마 남지 않았다는 점도 절박하게 작용했습니다. 이것이 충격 요법이 된다면 과잉 재고의 문제도 사라지리라 기대했던 것입니다.

그런데 반 년 후, 또 여전히 재고가 생겼습니다.

사람은 한 번의 실패로는 배우지 못합니다. 두 번은 실패해야 제대로 배우는 거로구나, 이것이 제가 그때의 경험을 통해 알게 된 것입니다.

한 번 실패했는데도 개선되지 않은 경우, 대다수는 '바로 고쳐지지 않는구나' 하고 포기할지도 모릅니다. 하지만 사람은 보통 두 번은 실패하고야 비로소 문제의 심각성을 깨닫고 원인이 무엇인지를 찾는 태도를 가집니다.

그럼 재고가 지나치게 쌓이는 이유는 무엇일까요?

첫째로 '재고 부족을 두려워하기' 때문입니다.

수익이 수직 상승하는 시기에는 물건 백 개를 팔기 위해서 150개 정도를 만들어두지 않으면 재고가 부족한 일이 생깁니다. 그런데 2001년에는 의복과 잡화의 판매량이 전해 대비 75퍼센트였습니다. 150개를 만들면 반 이상이 남는 비율인 거죠.

둘째로 백 개를 판매하기 위해서는 덤핑 같은 방법으로 처분하지 않으면 목표를 달성할 수 없기 때문에 일부러 여분을 만들어둔다는 점입니다.

그런 이유라면 MD에게 입고를 줄이도록 지시하면 될 것 아니냐 하고 흔히들 생각합니다. 그러나 아무리 말로 얘기해도 사람은 납득이 안 되면 움직이지 않는 법입니다.

또 다른 문제도 있었습니다.

조사해보니, MD는 상품의 판매 정보를 직접 만든 장부로 관리하고 있었습니다. 이런 경우 MD 개인의 감이나 경험은 축적되지만 그 정보를 가진 사람은 MD 자신뿐이기 때문에 상사의 체크 기능이 작동하지 않습니다. 이 일도 가시화가 필요했습니다.

그래서 재빨리 본사에서 판매 정보를 관리하는 포맷을 만들어 그것을 사용하도록 각 MD에게 지시했습니다.

당연히 MD들의 저항이 있었습니다. 자기 나름의 방법으로 축적한 방법을 바꾸려니, 그때까지의 노력이 전부 부정당하는 듯한 기분이었겠지요.

그러나 저는 사장 직속 팀을 만들어 MD들에게서 낡은 장부를 몰수해버렸습니다. 강제로 본사의 방침을 따르게 한 것입니다.

나아가 상품 개발의 구조도 정비했습니다.

신제품을 투입하고 3주 뒤에 판매 동향을 확인해 예상 매출의 30퍼센트에 도달하면 더 생산하고 그렇지 않으면 디자인을 변경해 소재를 소진하게 했습니다. 이것을 컴퓨터 프로그램으로 관리해 지금까지 별 생각 없이 해왔던 상품 개발이나 입고 작업을 하나의 구조로 만들었습니다.

이렇게 해서 2000년 말에 50억 엔가량이었던 의복과 잡화의 재고를 2003년에는 17억 엔까지 삭감할 수 있었습니다.

구조가 잘 기능하면 현장 스태프의 저항도 사라집니다.

열심히 설명하고 알아들을 수 있도록 서로 소통하는 것이 중요한데, 충분히 설명했는데도 불구하고 이해하지 못하는 경우는 일단 과감하게 행동으로 옮겨야만 합니다.

사원이나 현장 스태프의 낯빛만 살피고 있다가는 개혁은 흐지부지되고 맙니다. 리더에게는 단호하게 밀어붙이는 용기도 필요합니다.

달리면서 생각하라

"2001년에는 출혈을 막고 구조 개혁을 시작한다", "2002년에는 사풍을 바꿔 다음 성장을 준비한다."

이처럼 무인양품은 해마다 목표를 정해 모든 방향에서의 개혁을 추진했습니다.

개혁에는 속도감이 중요합니다. 실행력이 있으면 전략이 틀리더라도 궤도를 수정하면 되니까요.

사내에 IT 시스템을 구축할 때도 70퍼센트만 완성되면 일단 사용하면서 나중에 기능을 변경하거나 추가하면 됩니다. 특히 IT 기술들은 급격하게 변하기 때문에 개발하는 데 몇 개월씩 걸리다 보면 그사이 새로운 기능들이 생깁니다. **달리면서 생각하지 않으면 제때를 맞출 수 없습니다.**

무인양품은 채산이 맞지 않는 점포를 정리하거나 과잉 재고를 줄이는 등의 과감한 개혁을 한 덕에 적자로 전락한 지 2년 만에 실적이 다시 상승하기 시작했습니다.

그러나 여기서 손을 놓으면 모든 것이 도로아미타불입니다.

이어서 매뉴얼 〈무지그램〉을 만들기 시작해 업무의 표준화를 도모하고, 사원이 각자 관리하던 문서를 공유하는 등 담당자가 없어도 정보가 남는 구조를 빈틈없이 만들어냈습니다.

그래도 경영에는 부침浮沈이 있게 마련입니다.

2008년에는 증수감익增收減益, 즉 매출은 꾸준히 늘어나지만 이익은 감소했고, 2010년까지 감익은 이어졌습니다. 이것은 2008년에 일어난 '리먼 쇼크'의 영향으로 세계 경기가 악화되었다는 외부 요인이 작용했습니다. 게다가 날씬해 보이는 디자인의 유행을 지나치게 좇은 결과, 경쟁 업체 유니클로와 같은 그라운드에 서게 되었다는 내부 요인도 있었습니다.

이때 상품에 힘을 더하기 위해 어떻게 해야 할지 고민하다가 소재를 바꾸기로 했습니다. 인도와 이집트에서 유기 재배된 면을 조달해 상품을 개발한 결과, 안전성을 추구하는 소비자들의 요구와 일치해 다시 실적이 상승하기 시작했습니다.

한번 바닥을 체험했던 사원들은 그때쯤부터 실적이 다시 악화되어도 비관하지 않고 바로 해결책을 찾는 풍토를 정착시켜 나가고 있었습니다. 조직의 풍토가 이같이 변화하면 전과 같은 위기를 맞이해도 어려움을 이겨낼 수 있겠죠. 이것이 바로 실행력 있는 조직입니다.

경영에 요행이란 없습니다.

이것은 제가 경영자가 되고 나서 절감한 사실입니다.

실적이 좋은 데는 경기가 좋고 붐이 일어나는 우연이 작용한 것이 아니라, 반드시 어떤 이유가 있습니다. 실적이 악화되는 것 또한 시대의 흐름이라는 막연한 원인 탓이 아니라 대개는 기업이나 부서 내부에 문제가 숨어 있습니다. 문제를 파헤쳐 대처할 수 있다면 실적에 반영되겠지만, 문제를 제대로 발견하지 못하면 그에 따른 대처법도 어긋나버립니다.

우선 실행해보고 결과가 나오지 않으면 다시 개선하는 방식을 되풀이하다 보면 조직의 기반은 단단해집니다. 안이한 성공 법칙 같은 것은 없습니다. 고통이 따르지 않는 개혁도 없습니다. 리더의 단단한 결심이 필요한 순간, 제 말이 생각난다면 좋겠습니다.

2

결정한 것을, 결정한 대로
반드시 실천하라

'경험'과 '감'을 배제하라

매뉴얼을 만드는 것이 일의 시작이다

'무인양품에는 매뉴얼이 있다'는 얘기를 듣고 놀라는 사람이 많습니다.

무인양품 매장에 가본 분이라면 알겠지만, 스태프가 고객들에게 적극적으로 상품을 권하는 게 아니라, "어서 오세요!"라며 인사만 건넵니다.

그렇기 때문에 고객은 원하는 대로 상품을 둘러볼 수 있는 분위기가 됩니다.

이 분위기야말로 무인양품을 무인양품답게 만드는 하나의 요소라고 할 수 있습니다.

단, 이런 분위기는 스태프 한 명 한 명의 개성에 따라 조성되는 것이 아닙니다. 〈무지그램〉 매뉴얼에 따라 점포를 만들고 스태프를 교육한 결과인 것이죠.

일본에서는 '매뉴얼'이라는 말에 부정적인 이미지가 있습니다.

'매뉴얼을 사용하면 결정된 이외의 일은 할 수 없게 된다', '매뉴얼이 수동적인 인간을 만들어낸다'라고 자주 비난합니다.

대부분의 사람들에게는 마치 무미건조한 로봇을 움직이는 것과 같은, 획일적인 이미지를 연상시키는 모양입니다. 그러나 그런 사람을 만드는 것이 무인양품의 목적은 아닙니다.

무인양품의 목표는 오히려 매뉴얼을 만드는 사람을 키우는 것이죠.

앞서 말했듯 무인양품에서는 점포에서 사용하는 매뉴얼은 〈무지그램〉, 본사에서 사용하는 매뉴얼은 〈업무기준서〉라고 부릅니다.

'매뉴얼'이라고 하면 업무를 엄밀하게 통제하는 도구처럼 여겨지기 때문에, 이를 피하기 위해 독자적인 이름을 붙인 것입니다.

〈무지그램〉도 〈업무기준서〉도 목적은 '업무를 표준화'하는 것입니다.

이제까지의 무인양품에서는 점장이 생각하는 대로 점포를 만들고 스태프도 지도했기 때문에 점포마다 분위기가 달랐습니다.

하지만 그렇게 해서는 고객이 어떤 매장에 가더라도 같은 상품을 사고 같은 서비스를 받는 것이 불가능합니다. 어떤 지역의 무인양품에 들어가도 '무인다움'을 느끼게 하기 위해서는 점포 꾸미기도, 접객 등의 서비스도 통일해야만 했습니다.

〈무지그램〉은 모든 일에 기본이 됩니다. 점포 스태프가 〈무지그램〉을 제대로 읽지 않고 질문을 하면, "그건 〈무지그램〉에서 확인하세요"라고 조언합니다.

이렇게까지 매뉴얼을 중요시하면 직원들이 매뉴얼에 의존하게 되지는 않을까 하고 생각하는 사람도 있겠죠.

그러나 원래 매뉴얼은 사원이나 스태프의 행동을 통제하기 위해 만든 것이 아닙니다. 오히려 **매뉴얼을 만드는 과정의 중요성을 알리고 모든 사원과 스태프가 문제점을 발견해 개선하는 자세를 갖게 하는 것**이 목적입니다.

사원들이 매뉴얼에 의존한다면, 그 매뉴얼을 만든 방식이나 활용 방법에 문제가 있는 겁니다.

매뉴얼을 만드는 것 자체는 문제가 없는데 방법이 나쁜 것이죠.

이번 장에서는 무인양품에서 어떻게 매뉴얼을 만들고 활용하는지를 소개하니 꼭 참고하기 바랍니다.

자세한 내용은 이어서 얘기하겠지만, 매뉴얼은 모든 사원이 함께 만들어야 하고 항상 '업무의 최종 도달점'을 가지고 있어야 한다고 생각합니다. 이를 위해서는 정기적으로 매뉴얼을 개선하고 갱신할 필요도 있습니다.

매뉴얼을 만들면 그것으로 끝이라고 생각할 수 있지만 그렇지 않습니다. 매뉴얼을 만드는 것에서 업무가 시작됩니다. 매뉴얼은 업무의 '매니지먼트 툴'이니까요.

왜 구조를 만들면 실행력이 생길까?

예전의 무인양품에서는 본사에서 공통된 판매 기획을 세워도 각 영업점에서 실행되기까지 상당히 많은 시간이 걸렸습니다.

할인점, 백화점, 식당 등을 운영하는 유통 기업 이토요카도Ito-Yokado의 강점은 본사에서 어떤 방침이 내려오면 다음날 아침 모든 지점의 매장이 본사 방침대로 세팅되는 뛰어난 실행력에 있습니다. 세존그룹에서는 일주일 내지 열흘 정도 걸리는 일이었지요.

이대로는 변화가 빠른 지금 시대에 대응할 수 없다고 판단했습니다. 실행력 있는 기업이 되기 위해서는 좀 더 과학적으로 일하지 않으면 안 된다고 생각해 착수한 일이 바로 〈무지그램〉을 만드는 일이었습니다. **기동력 있는 현장을 만들기 위해 업무를 표준화하는 것.** 누구든 실행할 수 있는 바탕을 정비하지 않으면 앞으로의 발전도 없다고 생각했습니다.

뿐만 아니라 고객이 어느 무인양품 점포에 가도 같은 상품을 구매하고 같은 서비스를 받을 수 있는 최소한의 기준을 마련하기 위해서도

〈무지그램〉이 필요했습니다.

이처럼 회사의 구조·매뉴얼을 만들 때는 그 '목적'을 분명히 해둘 필요가 있습니다.

매뉴얼을 통해 사원의 업무 수준을 균일하게 하고 싶은지, 비용을 줄이고 싶은지, 작업 시간을 단축하고 싶은시…… 기업에 따라, 또 부서에 따라 해결하고 싶은 문제는 제각기 다릅니다. 이것을 정해두지 않으면 현장에서 사용할 수 없는 매뉴얼이 될 뿐입니다.

참고로 매뉴얼을 만듦으로써 얻을 수 있는 장점을 다섯 가지로 정리해 소개하겠습니다. 실제로 〈무지그램〉을 작성하고 활용하다 보니, 매뉴얼에는 다음과 같은 상상 이상의 효과와 목적이 있다는 것을 느꼈습니다.

① 지혜를 공유할 수 있다
〈무지그램〉은 본사 단독으로 만든 게 아니라 점포라는 현장에서 일하는 스태프의 지혜를 한데 모은 것입니다. 그렇기에 개개인의 뛰어난 지혜와 경험을 조직에 축적해 회사 임직원과 스태프 모두가 공유할 수 있습니다.

② 표준을 정해놓으면 스스로 움직인다

매뉴얼을 만든다는 것은 업무를 표준화하는 일입니다. 표준이 있으면 같은 업무를 누가 해도 동일하게 할 수 있습니다. 그렇기에 하나의 포맷을 만들어내고 나아가 개선하면 조직 전체가 진화할 수 있습니다.

표준 없이 개선만 하려고 하면 갈팡질팡할 뿐입니다. 무슨 일이든 기본 없이는 응용도 없는 것과 마찬가지여서 무질서한 창의력 연구는 힘이 되지 못합니다. 업무도 기본이 되는 표준을 정해놓으면, 사원은 그것을 바탕으로 스스로 생각하고 응용해 움직일 수 있습니다.

③ 상사의 등만 보는 문화와 결별할 수 있다

어느 기업에서나 상사가 자기만의 노하우를 얻으면 그것을 직속 부하 직원에게만 전수하고 마는 일이 흔한 듯합니다.

예전에는 상사가 부하 직원을 제대로 가르칠 시간적인 여유가 있었지만 변화의 속도가 빠른 요즘에는 좀처럼 그럴 만한 시간을 낼 수 없는 게 현실인데요. 매뉴얼이라는 눈에 보이는 지침서를 만들면 상사가 등만 보여주며 성장을 유도하는 문화와 결별하고 부하 직원을 효율적으로 지도할 수 있습니다.

[왜 구조가 필요한가]

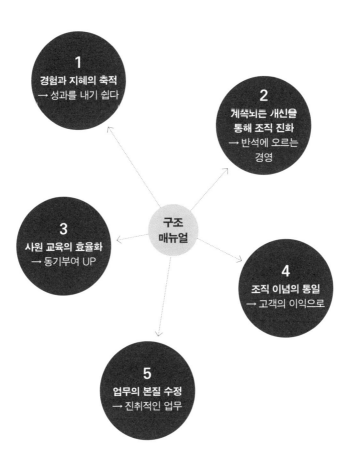

어느 업종, 어느 부서에도 응용할 수 있는
최강의 매니지먼트 툴!

④ 팀원들이 한곳을 바라본다

팀원들 각자가 무엇 때문에 맡은 업무를 하고 있는지, 그 '목적'을 확인하는 일은 중요합니다. 이것을 매뉴얼에 명시해두면 각자의 판단대로 움직이지 않게 되어 업무에 차질을 빚는 일이 사라집니다.

또한 매뉴얼은 조직의 이념을 반복적으로 전하기 위한 도구이기도 합니다. 조직의 이념을 계속해서 전하면 팀원의 뜻을 하나로 모을 수 있습니다. 즉 팀원들이 같은 곳을 바라보게 되는 것이죠.

⑤ 업무의 본질을 되돌아볼 수 있다

매뉴얼을 만드는 과정을 통해 평소 별생각 없이 해오던 일을 다시 돌아보게 됩니다. 가령 시간이 부족하다는 이유로 매일 야근을 했다면, '정말 시간이 부족한 걸까. 어쩌면 내가 필요하다고 생각하는 작업에 낭비되는 부분이 있는 건 아닐까' 돌아보며 자신의 일을 다시 생각해보게 됩니다. 그러다 보면 '어떻게 일해야 할까, 무엇을 위해 일해야 할까?'라고 스스로에게 물으며 업무의 본질에 다가갈 수 있습니다.

매뉴얼이란 조직의 체질을 근본적으로 바꾸기 위해 필요한 도구입니다. 이를 만들기 위해서는 작업의 의미 하나하나를 다시 생각해야만 하기 때문에 업무 방식이나 태도를 깊이 파헤치는 계기도 되겠죠.

연간 440건의 현장 지혜를 놓치지 않는다

많은 회사에서 흔히 매뉴얼은 윗사람들이 작성하는 것이라 여깁니다. 결정 사항을 만들어 하향식으로 현장에 전달하는 것이라고 생각하는 거지요.

무인양품에서도 처음에는 매뉴얼을 본사의 주도로 만들었습니다. 하지만 자주 사용하고, 모든 점포의 업무를 통일하는 매뉴얼을 완성하지는 못했습니다.

왜냐하면 '현장을 모르는 사람'이 만들었기 때문입니다.

현장의 문제점을 아는 것은 역시 현장 사람입니다.

먼지가 잘 쌓이는 곳이 있다든가 선반 모퉁이가 튀어나와서 작업이 어렵다든가 하는 아주 사소한 문제점은 본사 사람이 이따금 시찰을 나가는 정도로는 좀처럼 알아차릴 수 없습니다.

매뉴얼을 만들 때는 이런 지혜를 끌어 모으는, 즉 상향식 구조를 정비하는 것이 무엇보다 중요합니다.

매뉴얼은 그것을 활용할 사람이 만들어야 하는 것입니다.

또한 매뉴얼을 만드는 데는 특정 부서가 아니라 반드시 모든 부서가 참가해야 합니다. 모든 사원이 참가할 수 있는 방법을 정비한다면 가능하겠죠.

〈무지그램〉을 만드는 데 있어서는 '고객 관점'과 '개선 제안'이란 두 가지를 큰 기둥으로 삼았습니다.

'고객 관점'이란 고객의 요구와 클레임을 가리킵니다.

구체적으로는 '고객 관점 시트'라는 소프트웨어를 만들어, 매장에서 확인한 고객의 반응이나 의견을 통해 필요하다고 생각되는 것을 점포 스태프가 입력하게 했습니다.

더불어 스태프가 깨달은 점이나 요구 사항을 따로 입력할 수 있는 칸도 마련했습니다. 이것이 '개선 제안'입니다.

이때는 문제점이나 불편한 점을 보고하는 것도 필요하지만 개선점을 제안하는 게 더 중요합니다. 여기서 문제점을 스스로 해결하려는 능동적인 자세가 생겨나니까요.

때로는 시트로 보고할 때 사진 자료를 첨부해 "여기를 이렇게 바꾸면 어떨까?"와 같은 아이디어를 제안하는 스태프도 있습니다. 이야말로 현장에서 탄생한 지혜인 거지요.

이렇게 현장에서 나오는 의견을 우선 지역 매니저가 선별합니다. 중복되는 것은 없는지 자세히 검토한 후 본사에 의견을 올립니다.

본사에도 매뉴얼을 세밀히 조사하는 부서가 있습니다. 여기서 현장의 아이디어를 검토해 최종적으로 채택 여부를 판단합니다.

채택된 제안은 본사의 각 부서와 점포에 피드백을 준 후 각각의 매뉴얼에 업데이트합니다.

본사와 점포가 직접 의견을 교환하지 않고 지역 매니저를 통해 커뮤니케이션하는 것은 회사의 모든 부서가 문제를 공유하게 하기 위해서입니다.

본사에서 단독으로 만들면 정작 현장에서는 필요 없는 매뉴얼이 되고, 현상에서 난독으로 민들면 비용 대비 효과를 고려하지 않은 매뉴얼이 될 가능성이 있습니다. 본사도 현장도, 그리고 중간 입장에 있는 지역 매니저까지 모두 참여함으로써 균형 잡힌 매뉴얼이 되는 것이죠.

이를 통해 연간 2만 건 정도의 개선 요구가 현장에서 올라오고 그중 443건이 채택되어 〈무지그램〉에 실립니다.

그리고 개선 방안을 각 현장에서 실행해 표준적인 업무가 되었습니다. 이제야 비로소 매뉴얼이 그 목적을 달성한 셈이죠.

리더의 역할은 현장의 아이디어를 검증하고 모으는 것입니다.

만약 리더의 방식을 일률적으로 따르게 하기 위해 매뉴얼을 만들고자 한다면 반드시 현장과 어긋나게 될 것입니다. 매뉴얼을 만들 때는 일방향이 아니라 쌍방향의 방법을 정비하는 것이 관건입니다.

좋은 매뉴얼은 신입사원도 이해할 수 있다

비즈니스 세계에서 알기 쉽게 쓰는 최고의 방법은 **신입사원이 읽어도 이해할 수 있는 말로, 구체적으로 설명하는 것**이겠죠.

매뉴얼을 만들 때도 마찬가지입니다.

〈무지그램〉에는 '이너inner'나 'POP'처럼 간단한 용어를 설명하는 페이지도 만들어져 있습니다.

이 정도 단어는 누구나 알지 않을까 생각할지도 모르지만, 무인양품에는 학생들이 아르바이트를 하는 경우가 많기 때문에 회사에서 일반적으로 사용하는 단어의 의미를 모를 확률이 높습니다.

또 회사들이 독자적으로 쓰는 어휘도 많습니다. '윈도window'는 일반적으로 '창'을 뜻하지만 무인양품에서는 '윈도 디스플레이'를 가리키는 말입니다.

이처럼 사내에서 빈번하게 사용하는 단어의 의미도 명시해두면 오해가 줄어듭니다. 이런 작은 부분들도 문제없는 의사소통을 위해서는 놓쳐선 안 됩니다.

전문 용어나 부호를 많이 쓰면 다른 회사나 부서 사람들이 이해하기 어려워져 폐쇄적인 그룹이 만들어집니다. 이 점이야말로 조직이 경직되는 원인 중 하나이기도 합니다.

더 나아가, 얼마나 구체적으로 설명하느냐가 매뉴얼에 '피를 통하게 하는' 최대 열쇠가 됩니다.

예를 들어 "고객에게 정중하게 설명한다"라는 문장에서 '정중'의 의미는 저마다 다르게 해석할 수 있습니다. 어떤 사람은 '태도를 정중하게 하는 것'이라고 생각할 수도 있고, 또 어떤 사람은 '자세히 설명하는 것'이라고 판단할지도 모릅니다. 이처럼 이해하는 내용이 사람마다 달라진다면 그 업무 방법은 기준이 될 수 없습니다.

따라서 매뉴얼은 **철저히 구체화**하지 않으면 안 됩니다.

또 다른 예로 "상품을 단정하게 진열한다"라고 지도할 경우에도 사람에 따라 '단정'이라는 의미는 여러 가지로 받아들일 수 있습니다. 그 의미를 통일시키기 위해서는 '단정함이란 어떤 것인가?'에 대해 정의해둘 필요가 있습니다.

〈무지그램〉에서 '단정함'이란, "페이스UP(태그가 붙은 면이 정면을 향하게 한다), 상품의 방향(컵 등은 손잡이를 한 방향으로 둔다), 선, 간격을 일정하게 하는 것"이라고 정의하고, 이 네 가지 포인트가 어떤 의미인지 사진과 함께 설명합니다. 이것을 읽은 사람은 누구나 단정함이 어떤 의미인지를 구체적으로 알게 됩니다.

누구나 이해할 수 있게 하기 위해서는 **좋은 예와 나쁜 예를 소개하는 것**

도 효과적인 방법입니다.

〈무지그램〉에서는 매장의 상품 진열 방식에 대해 좋은 예와 나쁜 예를 사진으로 설명합니다. 무엇이 좋고 무엇이 나쁜지를 일목요연하게 명시해두면 누구나 망설임 없이 판단하고 동일한 작업을 동일하게 할 수 있습니다.

매뉴얼의 기본은 읽는 사람에 따라 판단 기준이 달라져서는 안 된다는 것입니다. 한 회사에 백 명이 있다면 그 백 명이 같은 작업을 할 수 있게 하는 것이 피가 통하는 구조를 뿌리내리게 하는 데 중요한 점입니다.

어떻게 행동하느냐가 아니라 무엇을 실현하는가

단순한 작업이나 간단한 업무의 경우, '왜 그것이 필요한지'를 파악하지 못해 잠깐 게을리 하면 엉망이 되는 일이 종종 있습니다.

가령 복사를 하거나 차 심부름을 싫어하는 신입사원도 있습니다.

하지만 그 업무가 전체 업무에서 어떤 위치에 있는지를 설명하면 일을 할 때의 의식이 바뀌겠죠.

프레젠테이션 자료를 복사하는 작업도 아무것도 모르고 하는 것과 기획의 내용이나 규모, 중요성을 알고 하는 것은 전혀 다릅니다. 단순한 복사 업무라고 해도 자신의 아주 작은 실수가 수만 엔의 손해를 불러일으킬 수도 있다는 걸 의식한다면 주의해서 자료를 정리할 것입니다.

눈앞의 작업이 어떤 큰 업무와 연결되는지를 이해하면 시야가 넓어지고 새로운 관점을 갖게 됩니다.

게다가 제일 먼저 업무의 목표를 공유하면 누구나 일의 전체적인 상을 내려다볼 수 있겠죠.

〈무지그램〉에서도 각 카테고리의 맨 처음에는 반드시 '왜 이 작업이 필요한가?'를 기록하고 있습니다.

어떻게 행동하느냐가 아니라 무엇을 실현하는가가 중요합니다. 어떤 매장을 만들지, 어떤 서비스를 제공할지, 어떤 상품을 만들지를 항상 염두에 두고 일에 나서지 않으면 그저 시키는 대로 일을 하게 될 뿐입니다.

이것은 '어떤 회사를 만들고 싶은가', '어떤 팀을 만들고 싶은가', '어떤 업무를 하고 싶은가'라는 이념을 각인시키는 데 무엇보다 중요한 생각입니다.

회사의 경영 이념 같은 것을 써서 액자에 넣어 현관에 걸거나 조례 때마다 복창하는 회사도 있죠. 물론 그것도 중요하고, 저 역시 전체 회의나 합숙 때는 이런 이념을 반드시 설명하고 또 설명합니다.

그러나 **이념이나 가치관은 듣기만 하고 구체적으로 체득하거나 실천하지 않**

으면 그저 말에 머물 뿐입니다. 이념은 그것을 실행하는 가운데 납득하고 몸에 익혀야만 합니다.

무인양품에서는 상품을 진열할 때 버드나무 바구니를 사용하는데, 버드나무의 거친 부분에 상품이 손상되는 경우가 있습니다. 그 점을 알 아차린 현장 스태프가 "바구니 안쪽에 시트를 깔면 좋겠다"는 개선점 을 제안했고 〈무지그램〉에 반영됐습니다. 이 역시 '상품을 소중히 다뤄 야 한다'는 가치관이 구체적인 형태를 갖게 된 예입니다.

이러한 가치관을 바탕으로 진열 방식을 의식적으로 다시 검토하다 보니 문제점을 하나 둘 발견하게 됩니다. 그리고 마침내 팀의 이념을 공유하게 되겠죠.

'모든 사원의 마음을 하나로 만들자!'라는 슬로건을 내세우기보다, 모든 사원이 같은 작업을 하면 마음도 자연스럽게 하나가 됩니다.

일례로 〈무지그램〉의 '매장의 기초 지식'에는 이렇게 쓰여 있습니다.

■ '매장'이란

무엇: 상품을 파는 곳

왜: 고객이 보기 쉽고 사기 쉬운 장소를 제공하기 위해

언제: 항상

누가: 모든 스태프

이처럼 시작 부분에 '무엇', '왜', '언제', '누가'의 네 가지 목적을 설명한 뒤에 매장 운영 노하우의 설명으로 들어가는 형식으로 되어 있습니다.

'이 정도는 말하시 않아도 아는데'라고 생각할 수도 있지만, 그런 일방적인 생각이야말로 개인의 경험이나 감에 의존하는 풍토를 만들어버립니다.

커뮤니케이션이란 말하면 전해지는 것이라고들 생각하지만, 실제로는 말만 해서는 좀처럼 전해지지 않습니다. 글로 명시해야 처음으로 의식화할 수 있습니다. 나아가 그것을 되풀이해 가르쳐야만 진정한 의미의 '체득'에 이를 수 있습니다.

소모적인 일은 줄이고 생산성은 높이기

매뉴얼을 작성할 때는 **부서마다 또는 팀 단위로 실제 어떤 업무가 이뤄지는지 모두 찾아내 정리하는 것이 기본**입니다.

나 한 사람이 아니라 여러 사람이 업무를 하나씩 검토함으로써 낭비

되는 부분을 찾아내는 것입니다. 이것이 상향식 매뉴얼을 만드는 장점 중 하나입니다.

무엇부터 손을 대야 할지 몰라 고민하는 사람도 있을 겁니다. 그럴 때는 우선 자신의 일반적인 업무를 되돌아보는 것부터 시작하는 것이 좋습니다.

영업부원이라면 '전화 걸어 약속 잡기'부터 시작해 '상담에서 무슨 말을 했나?', '자사 상품이나 서비스의 설명', '동업 타사와의 비교', '상대방의 요구 듣기'와 같은 교섭 업무까지 세분화 해봅니다.

그 모든 업무를 영업부라면 누구나 해낼 수 있도록 명문화하는 것입니다.

이때는 그저 업무를 줄줄 써내려가는 것이 아니라, 자신이 하는 일이 정말 필요한 업무인지 아닌지를 체크합니다. 그렇게 의식해서 보면 평소 그냥 의무처럼 생각 없이 해오던 업무에 소모적인 부분이 숨어 있다는 것을 깨닫게 됩니다.

예를 들어 하루에 되는 대로 수없이 체크하는 메일도 확인하는 횟수를 정하고 답신을 쓸 때 들이는 시간을 정해두면 메일로 인한 업무 시간을 아낄 수 있습니다.

만약 메일을 읽고도 답장을 뒤로 미루면 같은 작업을 두 번 하는 것이나 마찬가지입니다. 사소한 일이지만 이런 소모적인 일이 쌓여 시간이 부족해지는 경우가 종종 있습니다.

예전에는 무인양품의 점포에서 잘 팔리는 상품을 진열대에 보충하기 위해 상품 반출을 수시로 했습니다. 그런데 잘 팔리는 상품은 한꺼번에 많이 내놓고 회전율이 좋지 않은 상품은 하루에 한 번 내놓는 것으로 정했더니 상품을 반출하는 **횟수**가 줄어 현장 스태프가 다른 작업을 더 할 수 있는 시간을 벌게 되었습니다. 게다가 회전이 빠른 상품의 판매 실적이 올라가 수익까지 올릴 수 있었습니다.

이처럼 **하나의 작업을 되돌아보는 것**만으로도 생산성을 올리는 효과를 거둘 수 있습니다.

당신의 작업 방식은 최신판입니까?

일은 '생물'입니다. 날마다 변화하고 진화하죠.

그렇기에 지금의 작업 방식이 다음 달에도 최고의 방식일 수는 없습니다.

그런데 작업 방식을 한번 결정하면 그것에 만족해 한동안 수정하지 않는 경우가 무척 많습니다.

매뉴얼을 만드는 데도 상당한 노력이 들기 때문에 '웬만하면 이대로 하자'라는 의식이 생겨, 문제점이 보고되어도 몇 년이 지난 후에야 겨우 개선에 착수하는 일이 일반적입니다.

바로 이것이 매뉴얼이 제대로 활용되지 않는 가장 큰 이유이기도 합니다. 애써 결정한 작업 방식인데도 그사이 변한 비즈니스 환경이나 작업 현장에 맞지 않는 상황은 오기 때문입니다.

매뉴얼을 만드는 데 완성이란 없습니다. 아무리 열심히 만들었다고 해도 만든 시점부터 내용은 진부해지기 시작합니다. 그 때문에 중요한 내용은 수시로 업데이트할 필요가 있습니다. 최소한 한 달에 한 번은 다시 살펴보아야 하죠.

무인양품에서는 한 달에 두 번 정도 신상품이 입하되는 시점에 맞춰 상품을 매장에 어떻게 디스플레이할지에 관해 본사에서 지시가 내려옵니다. 그에 따라 현장 스태프가 작업하는 단계에서 "이래서는 손님이 상품을 접하기 힘들다"라는 문제점을 제기하거나 좀 더 잘 보이는 디스플레이 방법을 알아내거나 하는 등의 다양한 개선안을 내놓습니다.

그 의견을 본사에 전달하면 〈무지그램〉에 반영되어 모든 점포에서 실행되는 경우도 있습니다. 이렇게 아이디어가 현실적인 방법이 되고 일의 기준이 되어가는 것입니다.

여기서 포인트는 **실시간으로 개선하는** 것입니다.

1년에 한 번 정리해 개선점을 찾아보고 검토하려면 대응이 늦어지고 맙니다. 눈앞에 놓인 문제점은 당장 대처한다, 이런 의식을 갖게 하기 위해서라도 매뉴얼은 매달 업데이트하는 것이 좋습니다.

이렇게 하다 보면 매뉴얼은 보다 효율적인 업무 방식의 집결체가 됩니다.

구조가 잡히면 각자가 작업 방식을 늘 돌아보고 문제를 매달 체크해 능동적으로 개선점을 찾아내게 됩니다. 매뉴얼은 사용하는 게 아니라 만드는 것입니다. 그런 의식이 생기면 각 사원의 업무 태도도 바뀌게 됩니다.

나아가, 늘 개선되는 상태를 유지하면 세상의 흐름에 발 맞춰 움직일 수 있습니다.

고객의 요구는 해마다 조금씩 달라집니다. 몸에 딱 붙는 옷이 인기였지만 어느새 체형을 가릴 수 있는 디자인으로 사람들의 관심이 옮겨 가듯, 고객의 변화는 늘 새롭게 변화합니다.

시장에서 계속 살아남기 위해서는 **시장 변화에 맞춰 반걸음 앞선** 상품과 서비스를 제공하는 것이 철칙입니다. 너무 앞서 나가거나 변화에 뒤떨어지면 물건은 팔리지 않습니다.

그 미묘한 상황에 대응하기 위해서라도 고객의 목소리는 중요한 정보원이 됩니다. 고객의 목소리에 맞춰 매뉴얼을 계속 바꿔나가면 세상의 흐름과 연동되는 구조를 만들 수 있습니다.

매뉴얼 업데이트는 업무 구조를 항상 '최신판'으로 만들기 위해 꼭 필요합니다.

왜 상담 메모를 부서 전체가 공유하나?

여기까지 읽고도 '우리 부서에는 매뉴얼이 필요 없다'고 생각하는 분이 있을 겁니다.

그러나 매뉴얼은 업무를 관리하는 도구입니다. 무인양품의 본사에는 〈업무기준서〉라는 매뉴얼이 있는데, 페이지 수는 〈무지그램〉의 세 배 이상으로, 6608페이지에 달합니다.

본사에서는 각각의 부서가 무슨 일을 하고 있는지 서로 전혀 모릅니다. 암흑대륙과도 같은 존재인 거죠. 그 같은 암흑대륙을 가시화하는 것이 매뉴얼의 사명입니다.

본사에서의 업무 수정 작업은 〈무지그램〉을 만들고 나서 한참 뒤에 시작되었습니다. 〈업무기준서〉의 제작 방법은 〈무지그램〉과 마찬가지로 현장에서 지혜를 모아 정기적으로 업데이트하는 것입니다.

예를 들어 홍보나 상품 개발, 점포 개발 등은 일반적으로 매뉴얼이 필요하지 않은 업무로 여겨집니다.

그러나 매뉴얼의 목적 중 하나가 '일의 내용을 누구나 이어받을 수 있게 한다'인 것을 감안하면, 매뉴얼로 만들 만한 소재는 수없이 많습니다.

실제로 **점포개발부에서는 명함 관리를 매뉴얼로** 만들었습니다.

이것은 주요 거래처와 만나는 횟수가 잦은 과장이 일괄로 관리하게 되어 있는데, 거래처 정보를 검색할 때의 효율화와 정보 공유가 목적입니다. '비고란에는 명함을 교환한 사람의 특징이나 인상을 적는다' 등 데이터의 입력 방식을 구체적으로 명시해, 누가 과장이 되어도 동일하게 관리할 수 있게 하고 있습니다.

게다가 **상담 메모도 부서원 모두가 공유**할 수 있도록 매뉴얼로 만들었습니다.

상담이야말로 부서원 개인의 경험으로 독점하는 것이라고 생각할 수 있지만 그것은 자기만족일 뿐입니다.

'누구를 위해 상담하는가, 무엇을 위해 상담하는가'라는 본래의 목적을 생각하면 '조직을 위해서', 그리고 더 나아가 '점포를 방문하는 고객을 위해서'라는 결론에 도달하게 됩니다. 따라서 그 정보를 공개해 조직에 축적해야만 합니다.

이것도 기록하는 시트가 마련되어 있어 상담일이나 상담처, 상담 내용 등을 어떻게 기록할 것인지를 제시해두었습니다. 중요한 것은 상담 내용의 메모 부분입니다. 기록한 내용에 부족한 점이나 빠진 것, 잘못된 것이 있는 경우에는 상담의 동석자가 수정합니다. 이로써 서로 다른 이야기를 하는 혼란을 막을 수 있습니다.

본사에서 매뉴얼을 만드는 경우 그 기본은 부서별로 작성하지만 그것을 통일하는 구조도 필요합니다.

부서마다 매뉴얼을 독자적으로 만드는 상황에서는 가시화가 제대로 진행되는지를 확인할 수 없습니다. 부장이 바뀌면 그때까지 만들었던 매뉴얼은 흐지부지되어 업무가 이어지지 않는 경우가 종종 생깁니다. 그래서는 매뉴얼을 만드는 의미가 없습니다.

이렇게 업무의 흐름이 끊기는 것을 막기 위해서는 매뉴얼을 일괄적으로 관리하는 부서를 따로 만들어 해당 부서 사람이 아닌 제삼자가 업무 인계를 체크하게 하는 것이 최선입니다. 무인양품에서는 매뉴얼 전문 부서를 두어, 사원이 〈업무기준서〉의 지침과 다르게 행동하고 있다는 것을 아는 순간 담당자가 그를 찾아가 이유를 묻습니다. 그렇게 업무의 구조를 탄탄하게 다져두면 담당자의 인사이동 후에도 업무를 순조롭게 인계할 수 있습니다.

민원 7천 건을 1천 건으로 줄인 위기관리법

어떤 기업에서나 클레임은 날마다 발생하고, 또 사내에서도 커뮤니케이션의 부족 등이 원인이 되어 다양한 문제가 벌어집니다.

이런 실수나 문제를 기업 전체가 공유해야만 비로소 장점으로 바꿀 수 있습니다.

〈무지그램〉에는 위기관리에 관해서만 한 권의 매뉴얼이 있고, 〈업무기준서〉에도 위기관리에 관한 매뉴얼이 있습니다.

특히 요즘은 기업의 컴플라이언스compliance(규정 준수)가 중시되고 있어, 무인양품에서도 컴플라이언스위원회를 만들어 제대로 대응할 수 있는 체제를 정비하고 있습니다.

위기관리법을 매뉴얼로 만들 때는 반드시 '구체적인 사례'와 '대처 사례'를 넣는 것이 포인트입니다.

대다수 기업이나 단체에서도 컴플라이언스 매뉴얼을 작성해두고 있지만, 대부분 상담 창구를 설치한다는 설명이나 성희롱, 권력 남용을 하지 않는다, 개인 정보를 마음대로 이용하지 않는다는 금지 사항을 늘어놓을 뿐입니다. 회사 밖의 사람들에게 '우리 회사는 이런 것들을 신경 쓰고 있습니다'라고 알리려는 것이라면 이걸로도 충분하겠지만, 위기관리에 대한 사내 지침으로 활용할 수 없다는 점은 명백합니다.

다른 매뉴얼과 마찬가지로 읽은 사람이 제대로 대처할 수 있게 하기 위해서는 어떤 상황에서 어떻게 대응하면 좋을지를 명확히 기록해야만 합니다.

예를 들어 〈무지그램〉에서는 고객에게 클레임을 받은 경우 일차적으로 다섯 가지 대응 방법을 정해두었습니다.

① 다른 보상을 언급하지 않은 채 일단 정중히 사과한다
② 고객의 이야기를 잘 듣는다
③ 핵심을 메모한다
④ 문제를 파악한다
⑤ 고객에게 문제를 확인받는다

각각의 항목에서 '변명하지 말고 끝까지 듣는다', '고객의 표현은 그대로 메모한다'라는 주의점이 기록되어 있습니다.

구체적인 대응은 점장의 몫이지만 최초의 대응은 모든 스태프가 할 수 있게 해야만 합니다. 대응하는 사람이 신입사원이라도 고객에게는 모두 동일한 무인양품의 스태프이기 때문에 이것은 스태프 모두에게 주어진 책무입니다.

고객과 직접 대면하지 않는 부서라도 거래처와의 문제는 있게 마련입니다. 〈업무기준서〉에는 의복잡화부 등 거래처와의 계약이나 거래에서 문제가 발생할 여지가 있는 부서에서는 위기관리 매뉴얼을 작성하고 있습니다.

부하 직원이 실수를 저지르거나 문제를 일으켰을 때 "다음부터는 조심해!"라는 한마디로 넘어가버리는 리더도 있죠. 그 뒤에 그 직원은 실수를 저지르지 않기 위해 노력하겠지만 또 다른 부하 직원이 같은 실수를 할 가능성도 있습니다.

실수나 문제가 발생했을 때 잘못을 저지른 범인을 찾아내 책임을 추궁하려는 목적은 아닙니다. 같은 문제를 미연에 방지하기 위한 판단의 근거로서 그 정보를 활용해야 한다는 뜻입니다. 이를 위해서라도 문제사례는 포맷을 만들어 관리하는 것이 좋습니다.

무인양품에서는 이 같은 체제를 정비한 후, 2002년도 하반기에 7천 건이 넘었던 클레임 건수가 수직 하강해 2006년도 상반기부터는 1천 건대를 유지하고 있습니다.

이것은 계속해서 클레임의 발생을 미리 방지한 효과라고 말할 수 있습니다.

매뉴얼로 '인재를 육성'한다

제가 세이유에서 인사과장에 취임했을 때 "마쓰이 씨, 경리부 사원이 제 몫을 하는 데는 15년이 걸린다네"라는 상사의 말을 들은 적이 있습니다.

경리 일은 상품 회계와 재무 등 크게 나누면 네 가지 정도가 있는데 그것을 다 경험하는 데 15년이 걸린다는 것입니다.

그러면 경리 부서에 소속된 사람은 정년까지 경리 일만 해야 합니다. 입사해서 15년 동안 경리 일을 다 배웠을 때는 40대 중견 사원이 되어 있을 겁니다.

그때가 되어서야 영업이나 상품 개발 같은 성격이 다른 부서로 이동하면 아무것도 할 수 없겠죠. 그렇기 때문에 관련 회사에 경리로 출장 가는 것 정도밖에는 앞으로의 길을 생각할 수 없습니다.

이러면 인재의 유동화가 이루어지지 않아 조직이 경직되고 맙니다.

이런 구조는 부서마다 파벌을 만드는 온상이 되기도 합니다.

경리부 직원은 경리부의 이익만 지키려 하고, 판매부 직원은 판매부의 이익만 지키려고 하니까요. 이래서는 회사 전체를 강하게 만들 수 없습니다. 이런 나쁜 습관을 없애기 위해서라도 부서 유동화를 추진하는 구조가 필요합니다.

일을 배우는 데 15년이 걸리는 것은 상사가 부하 직원에게 작업 방식을 직접 말로 가르치는, 이른바 '구전'의 차원에서 업무가 이어져왔기 때문입니다.

저는 이것을 명문화하기로 결정했습니다.

15년이 걸려야 하는 일을 신입사원도 어느 정도 할 수 있게 하고 싶었기 때문입니다. 긴 시간에 걸쳐 일을 배웠던 사원들은 "그렇게 단시간에 배울 수는 없다"고 반발했지만 절대 물러설 수 없었습니다.

그렇게 만들어진 〈업무기준서〉에는 경리부 업무 중 점포 관련 회계 부문만 해도 11개의 카테고리로 나뉘어 있습니다.

신용카드와 상품권으로 지불할 때의 처리 방식이나 새로운 점포를 개점할 때 필요한 대응 방법 등을 구체적으로 기록하고 있습니다. 경리 업무 담당자는 이 〈업무기준서〉를 읽으면서 차근차근 절차를 밟아 일을 완수할 수 있습니다.

이 덕분에 경리 담당자는 불과 2년 동안 모든 일을 배울 수 있었고, 5년만 지나면 제 몫을 하는 경리부원으로 성장할 수 있었습니다.

이렇듯 매뉴얼을 만들면 인재를 효율적으로 육성할 수 있습니다.

담당자의 인사이동이 있을 때 업무 인수인계도 쉽게 진행할 수 있고, 부하 직원이 어떤 판단을 망설일 때 옆에 상사가 없어도 매뉴얼을 보면 어떻게 행동하면 좋을지 알 수 있습니다.

종종 과장과 부장의 지시가 달라서, 부하 직원이 같은 일을 여러 번 다시 하는 경우도 있죠. 그런 일을 막기 위해서도 부서 안에서 방법을 통일시켜두면 일을 자연스럽게 처리할 수 있습니다.

매뉴얼로 '인재를 육성하는 사람을 육성'한다

신입사원에게 처음부터 일을 가르치느라 고생했던 경험이 있는 사람도 많습니다. 교육을 하는 데는 가르치는 사람의 기술과 능력이 크게 요구됩니다.

〈무지그램〉은 무인양품 스태프의 인재 육성에도 활용됩니다.

고객을 접대하는 방법, 의류를 개는 방법, 상품별 청소 등 기본적인 작업의 의미와 순서를 세밀하게 설명하고 있습니다. 아마 동일한 접객업이나 소매업에도 이와 비슷한 매뉴얼은 존재할 겁니다.

다만 〈무지그램〉은 거기서 그치지 않습니다. 판매 스태프 TS Training System라는, 스태프를 지도하는 직위에 있는 사람을 위한 매뉴얼을 만든 것입니다.

'어떻게 가르칠 것인가?'를 명문화한 것이죠.

예를 들어 신인 스태프에게 의류를 진열할 때 개는 방법을 가르칠 때는 '첫째, 목적과 도달 목표를 전한다', '둘째, 실제 상품을 가지고 포인트를 설명한다. 시범을 보인 후 따라 하게 한다'와 같은 순서를 밟아 가르치도록 적어두고 있습니다.

이 매뉴얼의 목적은 무엇일까요?

그것은 누가 지도해도 동일한 내용을 가르칠 수 있게 하는 것입니다.

어느 기업에서나 일어나는 일인데, 같은 작업도 지도하는 담당자에 따라 방법이 달라지거나 가르칠 내용을 잊기도 하는 등 차이가 생깁니다. 이 차이를 없애 어떤 점포의 어느 스태프라도 같은 지식과 스킬을 익히게 하기 위해 업무 지도 담당자에게는 '가르치는 텍스트'가 필요한 것이죠.

이 매뉴얼 덕분에, 처음으로 다른 사람을 가르치는 입장에 선 경우라도 무엇을 어떻게 가르치면 좋을지 알 수 있다는 이점도 있습니다.

일반 기업도 OJT On the Job Trainng 등을 통해 신입사원을 교육하고 있습니다.

그러나 어떻게 가르쳐야 하는지 잘 모르는 사람이 담당이 되어 제대로 트레이닝이 이뤄지지 않았다는 얘기를 종종 듣습니다.

매년 신입사원을 가르치도록 정해져 있다면 가르치는 쪽의 매뉴얼을 만들어두면 좋지 않을까요. 그러면 신입사원에게 균일하게 자사의 이념을 전달할 수 있고 일의 방식도 균일하게 가르칠 수 있습니다.

회사에서 사수의 자리에 놓이게 되면 받는 월급은 그대로인데 왜 부하 직원까지 돌봐야 하나 하는 불만이 자주 터져나옵니다. 또 가르치는 사람 각자가 가르치는 방법을 고민해 지도해도 상대방이 그에 맞춰 성장하지 못하면 '가르치는 방법이 좋지 않다'며 지도하는 사람 쪽의 문제로 삼는 경우도 이따금 있습니다. 이래서는 지도하는 사람에게 동기부여가 되지 못합니다.

지도하는 사람의 의욕과 능력에 의존할 것이 아니라, 가르치는 방법을 별도로 정해두면 이런 불만도 해소될 것입니다.

아랫사람을 지도하는 것도 중요한 업무 중 하나로 인식해야 내키지 않는 마음을 떨쳐버릴 수 있습니다. 그러한 동기부여도 구조를 통해 향상시킬 수 있습니다.

가시화 → 제안 → 개선이라는 순환

매뉴얼은 아무리 그럴듯하게 만들어도 그것만으로는 그림의 떡일 뿐입니다.

모든 사원이 활용할 수 있어야 처음으로 피가 통하면서 그 기능을 하게 되는 것이죠.

그럼 지금까지 여러 차례 언급했던 '피가 통하는 매뉴얼'이란 도대체 무엇일까요?

구체적인 사례를 들어보죠.

무인양품에는 점장이 되는 데 필요한 자격증이 있습니다. 위생관리사, 방재관리사 등의 여덟 가지 자격증입니다. 이전에는 점장이 되고 난 뒤에 따도 무방했습니다. 그런데 자격증을 따는 일 자체는 그다지 어렵지 않지만 점장이 되면 바빠져서 손에서 일을 놓고 자격증 따는 데 몰두하기가 무척 힘들었습니다.

몇 년 전, 한 사원이 개선안을 내놓았습니다. 이런 자격증은 점장이 되기 전에 따놓는 편이 좋다는 얘기였습니다. 점장대리가 되면 다음으로 점장이 되기 위한 연수가 있는데 그때 필요한 자격을 모두 취득해두면 좋겠다는 의견이 나온 것입니다.

이 의견을 받아들여 지금은 점장대리 연수를 끝내면 필요한 자격을 모두 취득하게 되어 있습니다.

이처럼 매뉴얼을 만듦으로써 **지금까지 암묵적인 룰로 이루어지던 업무의 문제점이 보이게 됩니다.** 사원의 의견이나 제안에 따라 한 가지씩 개선하게 되어 지금까지의 업무 방식이 보다 합리적으로 이루어지죠. 이런 순환이 생겼을 때 비로소 피가 통하는 구조가 되는 것입니다.

덧붙이자면 리더가 솔선해 매뉴얼을 사용하지 않으면, 매뉴얼을 활

[구조가 제대로 기능하는 순환]

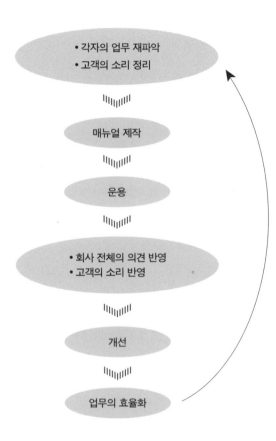

구조를 만들면서 계속 개선해나가면
업무가 점점 효율화 · 진화된다!

용하는 문화가 조직에 뿌리를 내리지 못합니다.

그래서 무인양품에서는 점장들을 대상으로 월 1회 테스트를 실시해 매뉴얼을 현장에 적용시키고 있습니다.

리더가 파악하지 못하는 것을 스태프가 파악할 리 없습니다. **리더가 철저하게 활용하지 않으면 살아 있는 매뉴얼이 되지 못합니다.**

오래 걸리더라도 자기만의 매뉴얼을 만들어야 하는 이유

이번 장에서는 무인양품을 V자 회복으로 이끈 매뉴얼의 비밀을 구체적으로 소개했는데, 마지막으로 한 가지 주의할 점이 있습니다.

그것은 한두 달 만에 급히 만든 매뉴얼로는 효과를 얻을 수 없다는 점입니다. 이 책으로 알게 된 매뉴얼 제작 방법은 당장 내일부터 활용할 수 있는 노하우는 아닙니다.

이미 얘기했지만 개선을 되풀이하면서 때로는 인내심을 갖고 궤도에 올려놓기까지 지속적인이 노력이 있어야 비로소 기능할 수 있는 것입니다.

저도 〈무지그램〉을 만들 때 처음에는 모범이 될 만한 기업 매뉴얼을 참고할 생각이었습니다. 다른 회사의 매뉴얼을 보고 회사 상황과 다른 부분만 수정하고 대신 우리 회사만의 독자적인 내용을 넣으면 완성되리라 생각했던 겁니다.

그래서 의류 업체인 시마무라Shimamura의 매뉴얼을 보러 갔습니다.

시마무라에서는 모든 사원에게 매년 5만 건 이상의 개선안을 제안받고 하나씩 검토해 매뉴얼을 매달 갱신하고 있습니다. 3년만 지나면 매뉴얼이 완전히 새로워진다고 말할 수 있을 정도로 활용도가 높은 '살아 있는 매뉴얼'인 거지요.

이거면 됐다 싶어 회사로 돌아와 비슷하게 만들려고 했습니다. 그런데 좀처럼 현장에서 사용할 수 있는 매뉴얼을 완성할 수 없었습니다.

왜일까요?

당연한 일이지만 회사가 다르면 모든 게 다릅니다.

취급하는 상품이나 상품 수, 사원 수, 거래처, 점포의 규모 등 뭐 하나 같은 게 없습니다. 그런 요인이 다르면 매뉴얼도 달라야 하는 게 자연스러운 이치입니다.

시마무라에서는 가장 우수한 선임 사원의 방식을 매뉴얼의 모델로 삼고 있었습니다. 선임 사원이 오랜 경력을 통해 쌓아온 노하우, 지혜가 매뉴얼의 바탕에 깔려 있었습니다.

시마무라가 오랜 시간을 들여 만들어낸 매뉴얼은 이른바 시마무라의 풍토라 할 수 있습니다. 그렇기에 그것을 그대로 무인양품에 도입해도 쓸모가 없는 것이지요.

매뉴얼은 업무를 표준화한 순서집이 아니라 사풍이나 각 팀의 이념과도 결부됩니다. 매뉴얼이 이 두 가지의 가교 역할을 담당한다고 할 수 있죠.

그러므로 매뉴얼은 시간이 걸리더라도 직접 처음부터 만드는 수밖에 없습니다. 〈무지그램〉도 제 궤도에 오르기까지 5년이란 세월이 걸렸습니다.

'먼 길이야말로 진리'라는 말이 있습니다.

이것은 제 신념 중 하나이기도 한데, 헤매고 있을 때는 가장 어려운 길을 선택하면 결과적으로 바른 길을 걷게 된다는 것을 경험을 통해 알게 되었습니다.

매뉴얼을 만드는 일은 결코 쉽다고 할 수 없지만 반드시 팀의 변혁을 실현할 수 있습니다. 그 점을 믿고 꾸준히 매뉴얼을 만드는 사람만이 성과를 얻을 수 있습니다.

3

회사를 강하게 만드는
심플한 원칙

'타자'와 '타사'로부터 배워라

기본이 무너지면 실적도 무너진다

업계의 최전선을 끊임없이 달리는 기업들의 공통점은 매우 간단합니다.

'인사를 꼬박꼬박 한다', '쓰레기가 보이면 줍는다', '업무 마감을 지킨다'와 같은, 초등학교에서나 가르칠 법한 사람으로서의 '기본 도리'가 사원들에게 체득되어 있는지 신경을 쓰는 것이지요.

사람으로서의 기본이 조직의 풍토와 사풍을 만들고 이것이 최후의 보루가 되어 조직을 지킵니다.

여러분의 회사에서는 이런 기본을 잘 지키고 있나요? 만약 그렇지 않다면 위험신호가 켜진 것입니다.

무인양품의 실적이 악화되었을 때, 이 '기본 도리'가 무너져 있었습니다.

그래서 다시 이런 기본을 사원에게 체득시키기 위해 매달 목표를 세웠습니다. 그저 목표를 되뇌는 게 아니라, 실행할 수 있는지 아닌지를 '내부통제·업무기준화위원회'라는 부서를 만들어 확인시키고 있습니다. 나아가 모든 사원이 모이는 집회에서 그 결과를 보고하고 달성률을 올리도록 촉진합니다.

이것은 현재진행형으로 이뤄지고 있고 앞으로도 계속될 것입니다. 사람은 계속 얘기하지 않으면 바쁘다는 핑계로 기본을 잊게 마련입니다.

하기로 결정한 일은 사원들이 지긋지긋하게 여길 정도로 반드시 해낸다, 그것이 리더에게 필요한 실행력입니다.

여러분도 자신의 부서나 팀을 어떻게 지도할지 고민하고 있다면, 우선은 이런 기본부터 철저히 해보는 게 어떨까요.

판매 달성이나 경비 절감 등 리더가 완수해야만 하는 과제는 수없이 많습니다. 그런데 보루가 단단하게 갖춰져 있는 곳에 성을 쌓아도 쉽게 공격당하고 맙니다.

멀리 돌아가는 것처럼 느껴질지 모르겠지만, 우선은 성벽을 탄탄하게 쌓고 거기에서 실적을 올리기 위한 전략을 만들어낸다면 반드시 뿌리가 튼튼한 팀을 만들 수 있을 것입니다.

왜 인사를 철저히 하면 불량품이 줄어드나?

인사는 커뮤니케이션의 기본입니다.

저도 아침 일찍 산책을 나가면 이웃을 만날 때마다 "안녕하세요!"하고 인사합니다.

그리디 간단히 대화를 나누게 되는 사람도 있는 반면, 인사조차 무시하고 지나가는 사람도 있습니다. 이런 아주 작은 행동에 그 사람의 됨됨이가 드러나는 법이죠.

무인양품에서는 점포만이 아니라 본사에서도 '인사 습관'을 철저히 합니다.

회사 안에서는 매달 목표를 정해 게시판이나 엘리베이터 안에 붙여두는데, 인사의 강화를 월간 목표로 삼는 경우도 있습니다.

그때는 저를 포함한 임원이 매일 아침 교대로 인사 당번으로 엘리베이터 홀에 서서 출근하는 사원들에게 먼저 인사를 건넵니다.

그리고 부서장에게 5단계의 인사 체크표를 건네, 매일 종례 때마다 5단계 인사를 모두 달성했는지를 부하 직원 스스로 체크하게 합니다.

부서장이 일방적으로 평가하는 게 아니라 직원 스스로 체크하게 하는 것은 체크당하는 느낌을 주지 않기 위해서입니다.

'당하는 느낌'이 강한 업무는 몸에 붙지 않습니다. 딱딱하게 다가가 '시키는' 것은 좋은 방법이 아니라고 생각합니다.

왜 새삼스럽게 인사를 말하는지 의문스러운 독자도 있을 테지만, 이는 팀의 신뢰 관계에 대해 이야기하기 위해서입니다.

가령 결과를 좀처럼 내지 못하는 팀이 있다고 합시다.

이 팀의 근본적인 문제는 '능력'이 아닙니다. 사원끼리의 커뮤니케이션이나 미미한 신뢰 관계가 실적 부진의 요인인 경우가 많습니다.

그 같은 상태로는 어떤 개선책을 강구해도 이기는 팀이 될 수 없습니다.

부하 직원에게 훈시를 늘어놓기보다 아침에는 "좋은 아침!", 퇴근할 때는 "수고했어요!"라고 단 한마디 인사를 철저하게 하는 것, 그것만으로도 팀원 간에 신뢰가 쌓입니다.

일류 기업, 일류 팀을 만드는 데는 매일 작은 것, 이를테면 인사를 어김없이 깍듯하게 하는 것만 한 것이 없습니다. 인사 역시 부하 직원에게 하라고 지시하는 게 아니라 리더가 솔선수범을 보이는 게 중요하겠지요.

어느 날, 사외이사를 맡고 있는 사카마키 히사시酒卷久 씨가 사장으로 있는 캐논Canon의 공장을 견학차 찾아갔습니다.

사이타마 현의 치치부에 있는 공장이었는데, 먼지 하나 떨어져 있지 않은 청결한 환경에서 직원 모두가 활기차게 일하고 있었습니다. 공장의 팀 능력도 뛰어나 불량품을 발견하면 바로 생산 라인을 멈추고 팀원 모두가 불량품의 원인을 찾습니다.

그러나 이곳도 결코 훌륭한 조직이라고 말할 수 없었던 때가 있었다고 합니다.

당시는 공장에서 일하던 사람들이 태국이나 필리핀, 중국 등에서 파견을 온 사람들이라 일본어를 모르는 사람도 많았다고 합니다.

캐논은 한 사람 또는 소수의 팀으로 거의 하나의 제품을 만드는 체제(셀 생산방식)를 채택하고 있습니다. 서로 말이 통하지 않는 사람끼리 팀을 짜면 '좀 이상하네'라고 느끼더라도 그대로 다음 사람에게 제품을 넘겨버리기 때문에 불량품의 온상이 됩니다.

그런데 아주 사소한 계기로 서로 밀접하게 소통하기 시작하면서 문제가 점점 없어졌다는 겁니다.

어느 날부터 매일 아침, 공장 입구에 임원 전원이 늘어서 출근하는 직원들 모두에게 "안녕하세요?"라고 인사를 건네기 시작했습니다. 직원들도 서서히 밝은 얼굴로 인사를 해왔고 마침내 직원들끼리도 서로 말을 걸며 일을 하는 분위기가 조성되었다고 합니다.

그 후 어느 직원 하나가 제품에서 이상한 섬을 발견하면 누가 지시하

[일의 기본을 스스로 평가하는 점검표]

3월의 중점 테마 '인사·씨 붙이기 철저히 하기' 실행 점검표

인사는 "큰 소리로 씩씩하게"가 기본입니다

※ 부서장은 부서 내의 실행 상황을 부원 스스로 점검시켜 해당 칸에 표시해주세요.

(기입 예: 전원이 실행했음=○, 일부는 못 했음=△, 거의 못 했음=✕)

	항목	1일 (금)	4일 (월)	5일 (화)	6일 (수)	7일 (목)	…
❶	언제나, 누구에게나 '○○ 씨'라고 부릅니까? (반말 엄금)						
❷	회사를 찾은 사람에게 "어서 오세요", 회사를 떠날 때 "수고하셨습니다"라고 미소로 인사했습니까?						
❸	출근할 때 엘리베이터에서 만난 사람에게 "안녕하세요?"라고 크고 씩씩하게 인사했습니까?						
❹	출근해 업무 공간에 들어가면서 "안녕하세요?"라고 크고 씩씩하게 인사했습니까?						
❺	퇴근할 때 "먼저 실례하겠습니다"라고 인사했습니까?						

지 않아도 생산 라인을 멈추고 직원들이 자연스럽게 모여 불량품의 원인을 찾기 시작했습니다. 그 결과, 이른 단계에서 불량품의 발생 원인을 바로잡을 수 있습니다. 그렇게 해서 마침내 반년 동안 불량품 제로의 위업도 달성했습니다.

'아침 인사'라는 소통 방식이 불량품 발생을 대대적으로 막는 결과로 이어진 것입니다.

실행력 있는 회사로 만들기 위해서는 어떤 일을 해야만 할까요? 이 물음에 대한 대답은 매우 간단합니다. 바로 '기업의 풍토를 바꾸는 것' 입니다.

기업의 풍토란 바꿔 말하면 사풍이고 기업 문화이기도 합니다.

다른 회사가 흉내 낼 수 없는 풍토를 가진 기업은 어떤 시대에서도 살아남을 수 있다는 것은 틀림없는 사실입니다. 보다 강한 기업의 모범으로 여겨지는 도요타Toyota나 혼다Honda는 확고한 풍토를 구축했기 때문에 문제 상황에 직면해도 곧바로 다시 일어나는 저력을 갖춘 것입니다.

기업의 풍토를 바꾸는 것은 어려운 일이 아닙니다.

인사와 쓰레기 줍기와 같은 당연한 일을 당연하게 해내면 최강의 기업으로 변신할 수 있습니다.

부장도 사장도 씨를 붙여 불러라

여러분은 회사에서 부하 직원이나 후배를 어떻게 부르고 있나요?

상대가 남성인 경우 "어이, ○○", 여성의 경우는 "저기, 미스 ○○"라고 부르는 사람이 많을지도 모릅니다.

그리고 직책을 가진 사람은 "○○ 부장", "○○ 과장"이라고 부르는 게 일반적이죠.

무인양품에서는 회사 임직원 모두에게 '씨'를 붙여 부르는 것을 철저히 시행하고 있습니다.

남녀 부하 직원 모두에게도 '씨', 상사에게도 '씨'를 붙여 부릅니다. 물론 저도 사원들에게 '마쓰이 씨'라고 불리고 사장인 가나이金井는 '가나이 씨'라고 불립니다. 공적인 회의 장소에서도, 사적인 대화에서도 이는 변함이 없습니다.

많은 조직과 부서에서는 아랫사람을 하대합니다.

하대가 당연시되는 조직에서는 회장, 사장, 전무, 상무, 부장으로 이어지는 서열 의식이 강해서 윗사람들에게 말대답을 할 수 없는 분위기가 형성됩니다.

물론 이런 팀이 '어떤 종류의 강력함'을 발휘하는 것도 사실입니다. 학생들의 서클 활동처럼 상사나 선배의 말에 모두 "예!"라고 대답하고 두말없이 따르는 팀은 리더로서는 통솔하기 쉬운 면도 있습니다.

그런데 종종 얘기를 듣지만 이런 조직에는 한계가 있습니다. 하향식 조직은 부하가 자주적으로 일할 수 없는 풍토가 되어버립니다. 부하 직원은 지시를 기다리는 사람이 되고 상사의 눈이 두려워 실수나 문제를 숨기려고 합니다.

"상사에게도 똑바로 의견을 말하자"라고 아무리 이야기해도 그런 분위기는 좀처럼 변하지 않습니다. 이를 개선하기 위해서는 '상하 관계의 방식'부터 바꿔야 합니다. 그래서 무인양품에서는 지위 고하를 막론하고 누구에게나 '씨'를 붙여 부르는 것을 철저히 지키게 하고 있습니다.

아랫사람에게 말을 놓으면 커뮤니케이션은 일방 소통이 됩니다. 이런 일방적인 커뮤니케이션은 부하 직원이 깨닫고 있는 문제점이나 과제, 민원이 최고 직위까지 올라가지 못하는 폐해를 낳습니다. 쌍방향 커뮤니케이션이 성립되는 상황에서야 비로소 현장의 중요한 정보가 최고 직위까지 올라갈 수 있습니다.

'씨'를 붙이는 것은 회사 안에 바람이 통하게 하기 위해서가 아니라, 그에 앞서 **정보·의견의 바람을 잘 통하게 하기 위해서** 라고 할 수 있습니다.

말을 놓지는 않더라도 '○○님'이나 닉네임으로 부르는 팀에도 불안은 남습니다.

이런 호칭은 사이좋은 클럽이나 대학 동아리 같은 팀을 만들어버립니다. 이러면 신뢰보다 친근한 관계 중심으로 팀이 운영됩니다. 아무래도 업무의 효율성을 강화하는 데 한계가 있겠죠.

실행력이 따르는 팀과 부서를 만드는 데는 서로가 서로를 존중하고 신뢰하는 풍토를 만드는 게 무엇보다 중요합니다.

상사가 부하 직원에게 '씨'를 붙여 부르는 것은 실행하기가 쉽겠죠.

그렇다면 나 자신이 아랫사람에게 '씨'로 불리는 것은 어떨까요?

물론 익숙한 일은 아니니 처음부터 자연스럽진 않겠지요. 하지만 한 부서의 과장이라는 직책을 맡았는데 신입사원에게 '씨'로 불리는 것을 납득할 수 없다면, 이는 스스로 벽을 쌓는 것이나 마찬가지입니다. 그런 마음이 쌓이면 조직의 풍토가 경직되고 자기 의견을 쉽게 말할 수 없는 분위기를 형성하고 마니까요.

제안서의 도장은 '세 개'까지

대기업일수록 결재 과정이 길어지는 경향이 있습니다.

해당 문서에 우선 담당자가 도장을 찍고 그다음에는 과장이나 부장이 찍습니다. 그 후 경리부나 법무부, 인사부, 시스템부 등의 부서에서도 회람합니다. 최종 결재자인 이사에게까지 왔을 때는 열 개 이상의 도장이 찍혀 있는 경우가 드물지 않습니다.

무인양품도 예전에는 일고여덟 개의 날인이 필요했던 때가 있었습니다.

예를 들어 점포에 그날의 운영 지침이나 업무 연락을 보낼 때 발행 부서의 담당자와 과장, 부장 외에 모든 점포를 책임지고 있는 판매 부서 담당자의 책임자 도장도 필요했습니다.

게다가 연락 사항에 배달 업무가 관련된 경우는 물류부에서, 전표 운영이 관련되면 경리부에서, 사무용품과 관련이 있으면 총무부에서와 같이 내용에 따라 여기저기서 도장을 받아야 하는 상황이었습니다.

일일이 도장을 받기 위해 담당자는 문서를 가지고 각 부서를 찾아가고 담당자가 없을 때는 거기서 작업이 멈춥니다. 부서 담당자가 외근으로 자리를 비우면 만날 때까지 수없이 왕복해야만 하니, 이는 생산성이 전혀 없는 관행이었습니다. 하나의 문서가 발행에서부터 점포에 도착하기까지 꼬박 이틀 정도가 걸리는 경우도 있었습니다.

그래서 "판매 부서의 책임자, 주관 부서의 담당자와 책임자의 인감, 이렇게 세 개까지만 받으면 좋지 않겠느냐?"고 제안했는데 내부의 반발이 있었습니다.

"적어도 다섯 개로 해주십시오. 출점 계획에 관해서는 인사부도 알아야지 그러지 않으면 채용 계획을 세울 수 없습니다."

"우리 부서도 정보를 모르면 곤란합니다."

이런 생각으로 모두가 '정보'를 원했던 겁니다.

이것은 관련 부서의 승인을 얻어두고 싶다는 주관 부서의 방어 의식과 자기 부서도 권한을 갖고 싶다는, 자기 세력을 지키려는 의식의 표현일 뿐입니다. 이대로 방치하면 부서 이기주의의 온상이 되고 맙니다.

무엇보다도 이런 상황에서는 의사 결정 시간이 너무 오래 걸려 실행력을 발휘할 수 없습니다.

그래서 결국 '도장은 세 개까지' 받는 것으로 결재 구조를 정리했습니다.

지금은 효율화를 더 진행해, 인트라넷으로 본사와 해당 업무 부서 사이에 연락을 취하고 있습니다. 이것으로 도장은 필요 없어졌습니다. 품의서와 도장이 필요한 문서는 물론 지금도 있지만 도장을 찍는 사람은 최소 인원으로 제한하고 있습니다.

결재 과정을 단축한 덕분에 속도감 있게 매사를 결정하는 풍토가 만들어질 수 있었습니다.

무엇보다 기안 부서가 책임감 있게 업무를 실행하고, 일이 잘되지 않았을 때의 책임 소재도 명확해졌습니다. 관련 부서장의 인감이 쭉 찍혀 있지 않으니 모든 부서의 책임이라는 애매한 결론도 나지 않는 거지요.

시장의 변화에 민감하게 대응할 수 있는 조직을 만들기 위해서는 **결정권자가 즉시 결정해 실행할 수 있는 구조를 만드는 것**이 필요합니다.

지혜는 다른 회사로부터 빌린다

무인양품에서 통용되는 대부분의 구조는 다른 회사의 구조에서 힌트를 얻은 것입니다. 무인양품 고유의 것은 거의 없을지도 모릅니다.

지혜의 원천은 철저하게 다른 회사에서 찾았습니다. 왜 기본적으로 다른 회사를 참고하는 걸까요? 그것은 '**비슷한 사람끼리 머리를 맞대봐야 새로운 지혜는 나오지 않는다**'라는 사실에 있습니다.

무인양품은 2004년에 V자 회복을 달성하고 판매도, 이익도 최고를 달렸습니다.

그런 가운데 온정주의·연공서열의 인사 제도에 손을 댔습니다. 다양한 복리후생 제도를 수정하고 일한 실적에 따라 인건비를 올리기로 한 것입니다. 기본적인 자원은 전혀 변함이 없었습니다. 그런데 노동조합에서는 "실적이 좋은데 왜 복리후생을 줄이냐?"며 강하게 반발했습니다.

이 의견을 들었을 때 저는 위험의 싹이 다시 돋아나기 시작했다고 느꼈습니다. 기업의 업적이나 경영에 이상한 조짐이 나타나는 것은 오히려 실적이 좋을 때입니다.

그래서 시작한 것이 '30퍼센트 위원회'라는 프로젝트입니다. 이것은 당시, 판매에서 차지하는 판매 관리 비율이 34퍼센트였던 것을 30퍼센트로까지 줄이는 것을 목표로 시작한 프로젝트입니다. 결과적으로 연간 54억 엔의 비용을 절감했습니다.

이 '30퍼센트 위원회'의 위원장은 제가 직접 맡았습니다. 회의는 매주 화요일에 열렸는데, 2004년 8월에 첫번째 회의를 열고 이후 280차례까지 회의를 개최했습니다.

의제는 비용 절감에 관한 전반적인 시책이었습니다. 야근을 줄이고 비품에 드는 비용을 삭감하는 사소한 안부터 점포의 임대와 인테리어 교체에 따른 비용 삭감이라는 무인양품의 구조 전체를 개혁해야만 실현할 수 있는 것까지 다양했습니다.

그런데 처음 이 프로젝트를 시작했을 때는 좀처럼 판매관리비가 줄지 않았습니다. 오히려 늘기까지 했습니다. 임원이나 관련 부서 사람들이 총출동해 판매비가 늘어나는 원인에 대해 머리를 맞대고 고심했음에도 불구하고 일어난 일이었습니다.

이것이야말로 '비슷한 사람끼리 머리를 맞대봐야 새로운 지혜는 나오지 않는' 일의 실제 사례였던 거죠.

같은 환경에서 같은 정보를 접하는 사람들끼리는 아무리 새로운 생각을 하려고 해도 한계가 있는 법입니다.

그렇기 때문에 비슷한 사람이 없는 '밖'에서 지혜를 찾아야 하는 것입니다.

'밖'에는 훌륭한 경영을 하는 사람이 수없이 많습니다.

그 시기에 속옷 제조 업체인 트럼프Triumph가 아침 회의로 화제가 되고 있던 터라 저도 찾아가보았습니다. 당시의 요시코시 고이치로吉越浩一郎 사장이 회의를 주재하고 사원은 사장 앞에서 프레젠테이션을 하고, 그 안의 채택 여부는 그 자리에서 결정됩니다. 문제점이 지적되면 다음날까지 아이디어를 짜 와서 다시 프레젠테이션에 도전합니다. 50항목 정도의 안건이 한 시간 반의 회의에서 차례로 결정되는, 그야말로 속도감 넘치는 회의였습니다.

'이건 요시코시 씨니까 할 수 있는 일이구나'라는 생각이 드는 한편, 반드시 회의 시간의 데드라인을 정하고, 자료는 간결하게 만들고, 의사결정을 빠르게 하는 점 등 참고할 만한 정보가 태산 같았습니다.

'회의 시간의 데드라인을 반드시 정할 것', '회의 자료 작성에 많은 시간을 들이지 말 것' 등 우리가 도입할 수 있는 요소는 바로 받아들였습니다.

그 효과는 매우 컸습니다. 이런 '지혜'는 회사 안에서 아무리 이야기를 나눠도 결코 나오지 않았겠죠.

어떤 점에서 힌트를 얻을 것인가 하는 점도 중요합니다.

초기의 무인양품 역시 '일류 대기업'을 성공 모델로 삼았습니다. 기업을 그 정도 규모로 성장시키기까지 나름의 노하우가 있지 않을까 생각한 것이죠.

그런데 막상 이야기를 들으러 가보면, 실은 그 노하우는 대기업이 아니라 '중소기업', '창업자형 기업(경영자의 색깔이 강한)', 그리고 '판매관리비가 낮은 기업'에 있었습니다. 경영과 현장의 거리가 너무 먼 대기업보다 늘 현장을 장악하고 있는 중소기업에 실천적인 노하우가 있었던 것입니다.

물론 다른 회사의 노하우를 그대로 자기 조직에 받아들여 실행할 수는 없습니다.

시마무라의 예에서 말했듯이 조직 문화와 구조, 일하는 사람들이 가진 스킬은 기업마다 다릅니다. 그렇기에 다른 회사에서 배운 노하우의 포인트를 찾아내 자신들의 조직에서 실행할 수 있는 노하우로 '번역'하는 능력도 매우 중요합니다.

다른 회사의 지혜를 빌리면 아직 개선의 여지가 있는 부분을 발견하게 됩니다. 이를 위해서라도 눈을 바깥으로 돌리는 태도를 가져야만 합니다.

우리 회사의 상식은 다른 회사의 비상식

종종 언론을 통해서, 화제의 중심에 있는 기업의 공장으로 사람들 수십 명이 견학을 가는 모습을 자주 보게 됩니다.

이런 '시찰'을 수십 번 해도 거기서 배우는 것은 매우 조금일 뿐입니다. 대개는 '멋진 공장이었다'라는 감상만 늘어놓고는 끝이죠.

다른 회사에서 배운 노하우를 현장에서 실행하지 않으면 성과는 없습니다. 또한 다른 회사에서 새로운 노하우를 배우기 위해서는 사장끼리 교류하는 것만으로는 한계가 있습니다.

실질적으로 도움이 되는 교류를 하려면 현장 담당자끼리 털어놓고 말할 수 있는 관계를 만들어야 합니다.

예를 들어 공동으로 공부 모임을 열고 그 후에 이어지는 간담회 같은 것으로 마음을 터놓고 얘기할 수 있는 개인적인 관계를 구축하는 것이 필요합니다. 이렇게 함으로써, 가령 조달 담당자가 시스템에 관한 과제로 고민하고 있을 때 '잠깐 그 사람에게 상담해볼까' 하며 친분을 맺었던 기업 담당자에게 전화로 상담할 수 있는 환경을 정비하는 것입니다.

지금도 무인양품에서는 정기적으로 다른 회사 사람을 초빙해 공부 모임을 열거나 회사 내부 모임에서 강연을 하게 합니다. 제과업체 부르본Bourbon의 요시다 야스시吉田康 사장, DIY·인테리어 판매 업체 홈센터 카인즈Cainz의 쓰치야 히로마사土屋裕雅 사장, 의류업 포인트Point의 후쿠다 미치오福田三千男 회장 겸 사장 등 제일선에서 활약하는 사람들의 이야기에는 무게가 있습니다. 매사의 본질을 찌르는 가르침이 많죠.

저는 "우리 회사의 상식은 다른 회사의 비상식"이라고 사원에게도 거듭 말하며, 흔히 당연시하는 자기 일에 의문을 가지라고 촉구합니다.

밖으로 눈을 돌리지 않으면 자신들의 포지션을 제대로 파악할 수 없고 필요한 개혁의 핵심을 깨달을 수 없습니다.

예전에 시마무라와의 공부 모임 때 화제가 된 것이 있는데, 상품에 붙이는 태그의 종류에 관한 것이었습니다. 시마무라의 전무에게 "상품에 붙이는 태그 실의 종류는 몇 가지입니까?"라고 물은 것이 계기였습니다.

태그란 가격표를 말하는데, 무인양품에서는 태그에 상품명과 상품의 '이유(상품을 만든 이유. 소재와 기능, 환경에 대한 태도 등)'를 넣고 있습니다. 당시 무인양품에는 의류부터 사무용품에 이르기까지 전체 상품에 203가지 종류의 태그가 있었습니다. 그런데 시마무라는 방대한 종류의 상품을 고작 세 종류의 태그로 관리하고 있었습니다.

이 말을 들었을 때 우리 회사에서는 너무나 당연시했던 203가지의 태그 종류가 얼마나 많은 것인지 비로소 깨달았습니다. 그야말로 우리 회사의 상식이 다른 회사의 비상식이었던 거지요.

태그는 크기도 디자인도 제각각이라 제작비도 꽤 들었습니다. 국내 외의 27개나 되는 회사에 의뢰해 만들고 있던 상황이었죠.

무인양품에서 태그란 이른바 '상품의 얼굴'입니다. 이것이 무인양품 만의 특징을 표현하고 있기에 태그에 손을 댄다는 것은 아무도 생각하지 못했습니다.

그러나 개혁을 위해서라면 성역이라고 해도 손을 대야만 합니다.

당시 상품 담당 상무에게 태그 제작을 전면 수정하도록 의뢰한 결과, 최종적으로 98종류까지 축소되고 제작사도 두 개로 줄었습니다. 대량 발주 대신 단가를 낮추자, 태그와 관련해 **2억 5천만 엔, 50퍼센트 경비 절감**을 실현할 수 있었습니다.

새로운 아이디어를 탄생시키기 위해서는 항상 내가 알고 있는 게 전부가 아니라는 겸허한 마음가짐을 가져야만 합니다.

자신과 조직에 있는 '당연한 것'을 의식하면서 내부가 아니라 외부로부터의 자극을 통해 자신의 한계를 깨는 체험이 필요한 것입니다.

경영의 신이라고 불리는 피터 드러커도 "인간 사회에서 유일하게 확실한 것은 변화다. 스스로 변혁할 수 없는 조직은 내일의 변화에 살아남을 수 없다"고 말합니다.

변화야말로 성장의 원천이며, 조직과 팀에 고착되는 '우물 안 개구리' 같은 시야는 조직이 죽음에 이르는 병이라고 할 수 있겠죠.

자기 팀과 부서를 성장시키고 싶어 노력하는 리더가 많을 겁니다. 그리고 동시에 생각만큼 성장하지 못하는 부하 직원들 때문에 고민하고 있을 겁니다.

저도 사장에 취임해 1년쯤 지났을 때 같은 고민을 했습니다. 그리고 최종적으로 이런 결론에 도달했습니다.

'내 그릇보다 큰 조직은 생기지 않는다'는 것이죠. 아무리 조직의 구조와 체제를 바꿔도 결국 리더의 그릇 이상으로는 성장할 수 없는 것입니다.

그렇다면 리더의 책무는 팀원들이 다른 문화와 접촉할 수 있는 환경을 적극적으로 만들어주는 것이 아닐까요.

반대 세력은 개구리 삶기로 적응시킨다

인간은 본능적으로 변화에 경계심을 갖습니다.

자신에게 긍정적인 변화든 부정적인 변화이든 상관없이 경계하죠.

그러니 개혁이나 기술 혁신을 일으키는 데 주위의 저항은 따라오게 마련입니다.

아마도 많은 리더들이 팀과 조직에 있는 저항 세력을 수없이 설득하거나, 필사적으로 타협점을 찾기도 하고, 지위나 권한으로 반론을 누르기도 할 것입니다.

저는 저항 세력에 대해 그와 같이 대응하지 않습니다. '개구리 삶기' 방식으로 천천히 적응시키는 방법을 선호합니다.

언뜻 '개구리 삶기'라고 하면 그다지 좋은 이미지가 떠오르지는 않을 겁니다.

일반적인 해석은 다음과 같습니다.

"개구리를 끓은 물에 갑자기 넣으면 뜨거워 튀어나오지만, 물에 넣고 서서히 온도를 올리면 온도 변화를 깨닫지 못한 채 익으면서 죽어버린다. 그 때문에 느슨한 조직에 있으면 실적 부족이나 환경 변화를 깨닫기 어려워 어느새 돌이킬 수 없는 상황에 놓이게 된다."

이는 쇠퇴해가는 조직의 체질을 설명하는 데 자주 쓰입니다.

그런데 이 '개구리 삶기'는 개혁의 반대 세력을 적응시키는 방법으로도 매우 유용합니다.

변화를 깨닫지 못하게 서서히 삶기. 고통이나 자극을 느끼지 못하게 하는 이 방법을 취하면 저항하는 팀원들이 괴로움을 느끼지 못한 채 개혁을 실행할 수 있습니다.

예를 들어 〈무지그램〉을 만들 때도 반대 세력이 적지 않았습니다.

그래서 저는 반대 세력이었던 그들을 아예 〈무지그램〉 작성 위원으로 임명했습니다. 책임자로서 적극적으로 매뉴얼 작성에 관여해야만 하는 입장으로 만든 것입니다.

처음에는 '어쩔 수 없이'라는 기분도 들었겠지만, 자신의 특기이자 오랫동안 담당했던 분야의 구조를 만들 차례가 되면 그들도 예외 없이 지혜를 내놓습니다.

"디스플레이는 이렇게 통일하는 게 보기 쉬워요", "이 상품은 이 위치에 두면 고객이 쉽게 선택하지 않을까요?" 등과 같은 개인의 노하우가 차례로 전체 회사가 공유할 수 있는 지혜가 된 것입니다.

이렇게 되면 그들은 더이상 반대 세력이 아닙니다. 자신들이 만들어낸 〈무지그램〉이기 때문에 적극적으로 활용하려 하고 현장에도 전하기 위해 노력합니다.

신입사원 연수 때는 어김없이 〈무지그램〉을 텍스트로 활용합니다.

무인양품에서 이제 막 일하기 시작한 스태프는 새내기인 만큼 〈무지그램〉의 이념과 노하우를 흡수하듯 받아들입니다.

그리고 매년 〈무지그램〉으로 신입사원 연수를 실시하기 때문에 〈무지그램〉을 업무의 기본으로 삼아 실천하는 스태프가 늘어나 자연스럽게 조직의 색깔이 변합니다.

동시에 점장 교육도 실시해야 합니다.

세이유의 인사부 재직 시절, 저는 신입 스태프 교육 담당자였습니다.

인사와 몸가짐 등 기본적인 것을 가르치면 잠시 동안은 배운 대로 합니다. 그러나 몇 개월 뒤에 가게들을 돌며 스태프를 살펴보면 처음에 가르쳤던 몸가짐도 사라진 경우가 일반적이었습니다.

그 이유를 생각하다 보니, 점장이 적당히 일하는 가게는 스태프도 되는 대로 적당히 일한다는 것을 깨달았습니다.

처음에는 싫은 얼굴로 〈무지그램〉을 따르던 점장도 본사에서 수없이 지도하자 자신의 업무 방식을 고치기 시작했습니다. 이것만은 빨리 '삶아내야만' 했기 때문에 다소의 강제력을 발휘했던 것입니다.

개구리 삶기 방식은 시간이 걸리고 손이 많이 가는 우회적인 방법이라고 생각할지도 모릅니다. 저도 3년간은 고생했다고 생각합니다.

그래도 결국은 이 길이 가장 빠른 길이라고 생각합니다.

힘으로 반대 세력을 누르거나 무리한 타협점을 찾는다 해도 그것으로는 진정한 의미에서 팀과 조직을 바꿀 수 없습니다.

한 조직의 구성원들이 당연한 것으로 여기고 자연스럽게 체현할 때야 비로소 진정한 변화를 이룰 수 있습니다.

간부는 3년간 자리를 지키게 한다

일본은 과거 7년 동안 일곱 명의 총리대신大臣이 취임했습니다.

총리대신이 취임한 지 6개월도 안 된 시점에 야당과 언론이 내각을 공격하고 여론이 동조했습니다. 그렇게 지지율이 떨어지면 여당 안에서 책임을 묻는 소리가 나와 자리에서 물러나는 일이 반복되었던 것입니다.

아무리 뛰어난 인재라도 이렇게 단기간 동안에는 아무 일도 할 수 없습니다. 정치가들은 총리대신을 바꾸면 나라가 바뀐다고 믿는 게 아닌지, 국가의 위기를 남 일처럼 생각하는 건 아닌지 우려스럽습니다.

제가 아직 사장에 취임하기 전에 의류품 부서의 부장이 3년 동안 다섯 명이나 교체되었습니다. 3년 동안 다섯 명. 단순히 계산하면 약 7개월 단위로 교체된 셈입니다.

의류품 판매 실적이 떨어졌을 때 무엇이 원인인지에 관해 회사 내부에서 얘기를 나누면 '리더인 부장의 능력 부족'이라는 결론이 나고 차례로 자리에서 물러나는 겁니다.

이 책의 독자들 중 부장이나 과장 직급인 분은 아마 자신의 일처럼 느껴지기도 할 겁니다.

부서에 어떤 문제가 생겼을 때 리더가 모든 책임을 지는 것, 확실히 논리적인 일이긴 합니다. 하지만 리더를 교체한다고 근본적인 문제가 해결되는 건 아닙니다.

리더가 자주 바뀌면 다음으로 리더가 된 사람은 자기도 잘릴까 봐 두려워 무난한 판단만 내리게 됩니다. 그런 상황에서는 근본적인 개혁은 불가능해지고 문제를 미뤄두기만 합니다. 결과적으로 리더가 없는 체제가 되고 마는 것이죠.

저는 사장이 되고 나서부터 **주요 간부는 3년간 자리를 지키도록** 했습니다.

이로써 리더도 마음 놓고 각 부서의 문제점을 찾아내어 철저하게 개선할 수 있는 기회를 갖는 거죠.

물론 책임의 소재를 분명하게 하는 것은 중요하지만 그것은 개인의 책임을 묻기 위해서가 아니라 근본적인 문제를 찾기 위해서입니다. 리더 자신이 문제점을 깨닫고 개선하지 않으면 실행력 있는 리더가 되지 못합니다.

제가 무인양품 사업부장이 되었을 때도 "그곳 점포는 왜 판매 실적이 나쁘죠?"라고 과장들에게 질문을 던지자, "점장의 운영 방식이 나빠서예요"라는 말을 들었습니다. 그 얘기를 듣고 저는 문제의 본질을 전혀 이해하지 못하고 있는 것에 놀랐습니다.

다른 사람에게 책임을 전가하고 자신과는 상관없다는 식의 생각. 이런 생각이 문제의 본질을 바라보지 못하게 하고 사고를 정지시킵니다. 이런 사고로는 근본적인 해결에 도달하지 못합니다.

이런 의식을 만드는 원인이 무엇일까 생각하다 보면, 대기업병에 걸린 기업에 있을 법한 수직적 구조에 문제 요인이 있다는 판단에 도달하게 됩니다. 한 가지 사례로, 당시 제품을 만드는 기능을 강화하기 위해 상품개발부와 생산관리부, 재고관리부의 세 부서를 만들어 각각의 부서에 부장을 두었습니다. 이 세 부서가 서로 제휴하게 하는 것이 목적이었죠.

그런데 그 예상은 완전히 빗나갔습니다.

재고관리부는 재고를 줄이기 위해 가격을 낮춰 상품을 처분하는 곳이죠. 그렇게 해서 재고를 잘 조절해 회사에서 표창을 받기도 했습니다.

한편 생산관리부는 공장의 품질 관리와 생산성을 향상시키는 것이 업무입니다. 이 부서에서는 공장을 효율적으로 돌리기 위해 까다로운 상품을 만드는 것에 난색을 표합니다.

　상품개발부는 앞서 말했듯이 히트작을 내려고 시행착오를 거듭하던 상황이었습니다.

　이렇듯 각 부서가 원래 입장은 조금도 바꾸지 않은 채 각자의 이익만 생각했던 것입니다.

　마치 현재의 일본이 직면하고 있는 행정의 수직적 구조, 성省의 이익만 중시하는 관료주의에 따른 폐해와 같은 것이죠. 이렇게 되면 부서마다 의견이 엇갈려 서로에게 책임을 미루느라 목표대로 좀처럼 앞으로 나아가지 못합니다.

　그래서 상품개발부의 MD를 최고 책임자로 두고 재고관리와 생산관리 담당자를 그 밑에 두었습니다. 그러자 한 사람의 지휘 아래 움직이게 되어 매사가 자연스럽게 진행되었습니다.

　수직적인 구조를 바꾸면 수평적으로 손을 잡게 되고, 각각의 담당자에게 문제의식이 싹터 책임감을 갖게 됩니다. 그제야 비로소 정면으로 문제에 직면하는 체제를 정비할 수 있습니다.

부하 직원에게 동기를 부여하는 방법

실행력 있는 팀을 만드는 데는 팀원에게 동기를 부여하는 것이 필수 조건입니다.

당연한 이야기지만 의욕과 적극성이 있는 팀원이 아니라면 사업의 어려운 과제에 맞설 수 없을 테니까요.

부하 직원의 업무 의욕을 유지하기 위해서는 급료를 올리는 것도 하나의 방법입니다. 그러나 그것은 일시적인 동기부여 방법일 뿐 오래 지속시킬 수는 없습니다.

부하 직원에게 동기를 부여해 팀과 부서 전체의 사기를 올리는 데 필요한 것은 두 가지입니다.

보람, 그리고 커뮤니케이션입니다.

조직의 구조를 갖추는 것은 중요한 일이지만, 구조만 바꾸는 것은 소프트웨어는 옛날 것 그대로 사용하고 하드웨어만 바꾼 컴퓨터와 마찬가지죠. 작동하는 데 지장을 초래할 뿐 제대로 굴러가지 않습니다. 사원 하나하나의 마음(소프트웨어)도 무시할 수 없는 것이죠.

그럼 어떻게 해야 보람을 느끼게 할 수 있을까요?

사원이 자신의 조직, 또는 자신의 팀을 존중하는 마음을 갖게 하는 것이 이상적입니다.

예를 들어 예전의 세이유 의류 제품은 '촌스럽다'는 이미지가 많은 소비자들의 뇌리에 박혀 있었습니다. 때문에 그곳에서 일하는 사원까지도 세이유에서 옷을 사려고 하지 않았습니다. 자신들이 만족할 수 없는 상품에는 당연히 고객도 손을 대지 않겠죠. 고객이 사지 않으면 판매 실적도 오르지 않아 결과적으로 사원들의 급여도 오르지 않습니다. 이런 분위기에서 사원이 자신들이 일하고 있는 조직에 자부심을 갖지 못하는 것은 당연하지요.

그렇기에 무인양품에서는 **사원 자신이 만족할 수 있는 상품**을 갖추기 위해 노력합니다.

사원 자신이 갖고 싶은 상품이라면 고객에게도 당당하게 권할 수 있을 테니까요. 그리고 고객이 만족하면, 그것은 고스란히 사원 자신의 만족으로 돌아옵니다.

보람이란 눈에 보이는 수치나 금액만으로 만들어지는 것이 아닙니다. 눈에 보이지 않는 기쁨과 감동이야말로 가치 있는 것이죠.

부하 직원이 동기부여가 제대로 되지 못하고 있다면 자신들이 만족할 수 있는 상품이나 서비스를 제공하고 있는지 다시 한번 확인해봐야만 합니다.

동기부여를 유지하는 또 다른 포인트는 커뮤니케이션입니다.

특히 의견 전달 경로를 단순화해서 사원의 의견이나 행동에 대해 꼼꼼히 피드백을 주는 것이 열쇠입니다.

부하 직원이 셋이 있는데, 한 사람에게만 정보가 전달되지 않으면 그 사람에게 불만이 생깁니다. 모든 부하 직원에게 동등하게 정보를 전달하는 것이 기본입니다.

무인양품에는 '조례 시스템'이라는 게 있습니다. 매일 아침, 점포에 사원이 출근해 컴퓨터를 켜면 화면에 그날 해야 하는 업무와 예산 목표, 전달 사항이 자동으로 표시되는 시스템입니다.

이 시스템을 도입한 이유는 점포에 조례를 맡기면 점장에 따라 전달하는 내용이 달라져 정보의 격차가 생기기 때문입니다. 나중에야 사원이 중요한 정보를 알게 되면 상사나 조직에 대해 불만을 느낄 수 있습니다.

그 같은 일이 일어나지 않도록 조례를 시스템으로 만들어 정보 전달 과정을 단순하게 하는 것입니다.

무인양품의 경우 회사 차원에서 커뮤니케이션을 철저히 하기 위해 시스템을 만들고 있는데, 부서 차원이라면 일괄적으로 메일을 보내는 것으로 전달 사항을 전하는 방법으로 충분할지도 모릅니다.

또한 무인양품에서는 "생산성은 두 배로, 낭비는 반으로"라는 운동을 진행하고 있습니다. 이것 역시 상향식 조직을 만드는 과정의 일환입니다. 각 부서마다 개선 테마를 결정하게 해서 성과를 낸 부서에는 '마쓰이상', '홈런상' 같은 상을 줍니다. 얼마 되지는 않지만 금일봉도 지급합니다.

이처럼 **'당신의 활동을 인정하고 있습니다'라는 피드백도 커뮤니케이션의 하나입니다.** 상을 주는 것까지는 아니더라도 부하 직원의 업무에 관심을 갖는 마음가짐만으로도 커뮤니케이션은 원만해집니다. 그리고 부하의 동기부여도 유지할 수 있겠죠.

컨설턴트는 조직을 바꿀 수 없다

경영 전략이든 인재 육성이든, 회사 안이나 팀 내부에서 해결할 수 없는 문제가 생긴 경우, 컨설턴트에 의존하는 리더가 많지 않나요?

확실히 새로운 깨달음과 최신 정보를 받아들이기 위해 컨설팅을 받는 것은 유용합니다. 그러나 조직을 만들거나 조직 개혁을 실행하는 일을 컨설턴트에 맡겨선 안 됩니다.

무인양품의 실적이 악화되었을 때 다양한 분야의 컨설턴트와 여러 직책의 사람들이 연락을 해왔습니다. 세존그룹 간부의 소개로 찾아오는 사람까지 다양했지요. 조직 만들기에 대해 몇 가지 조언을 부탁했지만 큰 성과를 거둘 수 있었던 경우는 한두 가지에 불과했습니다.

요컨대 밖에서 작전 참모를 불러와도 회사 안의 사람들이 그들을 제대로 활용하지 못하면 아무런 결과도 얻을 수 없습니다.

또한 컨설턴트의 노하우가 그 조직이나 팀에 반드시 유용한 것은 아닙니다.

당연한 일이지만 컨설턴트는 본인의 전문 분야와 특기 분야의 문제 해결 방법을 제안합니다. 그러나 그것만으로는 문제의 본질에 다가갈 수 없습니다.

컨설턴트가 활약하기 위해서는 결국 실행력 있는 회사 내 리더와 함께 행동하는 수밖에 없습니다.

컨설턴트가 문제점을 찾아내더라도 그 문제를 개선할지 말지는 리더가 결정해야 합니다. 회사 내 저항 세력의 방해를 받아 개혁을 단념하는 경우도 있고, 사장 자신이 겨우 잡은 기회를 날려버리는 경우도 있습니다.

원래 컨설턴트에게 모든 것을 맡기는 조직은 미지의 과제에 직면했을 때 스스로 해결책을 찾아내는 풍토와 의식을 잃게 됩니다.

무슨 일이든 다른 사람에게 배우는 것으로는 몸에 익힐 수 없습니다. 스스로 문제점을 발견하고 그것을 어떻게 고치면 좋을지 생각하지 않는 한 자신의 것이 될 수 없습니다.

　조직과 팀의 개혁은 다른 사람이 아니라 자신이 원해야 이룰 수 있는 것이므로 스스로 결심해야 하는 것입니다.

망설어질 때는 어려운 길을 선택하라

"미래는 예측 불가능하고 모델도 없다."

　일본 IBM의 시이나 다케오椎名武雄 전 사장의 말입니다.

　비즈니스는 매일이 결단의 연속입니다.

　절대 옳은 답이 아니더라도 실행했을 때의 결과가 길일지 흉일지 모르니 '일단 하는 수밖에 없는' 경우도 많습니다.

　엄청난 개발비를 투입한 신상품이나 새로운 서비스의 판매가 좋지 않은 상황을 누구나 경험했을 것입니다. 그대로 계속 팔 것인가, 철수할 것인가에 대한 결단의 순간에서 대부분은 결국 쉬운 길을 선택하게 마련입니다.

　다만 저 같은 경우는 오히려 어려운 선택을 하려고 늘 다짐합니다.

　어려운 선택이야말로 그 안에 문제 해결의 실마리를 숨기고 있는 경우가 많기 때문입니다.

쉽게 실행할 수 있는 해결책은 확실히 매력적이고 눈앞의 문제를 바로 해결해줄 수 있습니다. 그러나 그것은 문제를 표면적으로만 해결하는 것이기 때문에 동일한 실패를 되풀이하게 합니다.

무인양품에는 일곱 개의 아울렛에 점포가 있었습니다. 저는 매년 하나씩 폐쇄해 사장 퇴임 때까지 세 곳으로 줄였습니다.

아울렛 상품이란 예상대로 팔리지 않았거나 시즌이 지나 매장에 둘 수 없는 상품을 모아 가격을 인하해 고객에게 제공해 재고를 처분하는 방법입니다.

특히 의류 업계에서는 대다수 브랜드와 제조 업체가 재고를 처리하는 방법으로 활용합니다.

그러나 무인양품에서는 이 방법에 의존하지 않고 시즌 중에 모두 파는 구조를 만들기로 했습니다.

봄에는 오키나와부터 제품을 투입하고 가을에는 홋카이도부터 투입합니다. 의복 잡화의 물류비는 그리 높지 않기 때문에, 예를 들어 사가 지역의 가게에서는 판매가 부진한 봄 상품을 신주쿠 점포로 이동시킵니다. 이처럼 장소를 바꾸기만 해도 주력 판매 상품을 만들 수 있습니다.

중요한 상품은 인터넷을 통해 먼저 판매하면 판매 동향을 미리 파악할 수 있습니다. 생산의 액셀과 브레이크를 밟기 위해서는 EDI Electronic

Data Interchange(상거래 정보를 기업 안에서 컴퓨터 간에 교환하는 구조)를 통해 해외 산지와 이어져 있어야만 합니다. 그런 노력과 구조 개혁이 경쟁력이 됩니다. 아울렛에서 원가보다 낮은 가격으로 판매하는 기업과의 차이는 확연합니다.

미래는 리스크를 감당하지 않는 한 열리지 않습니다.

여러분은 리스크를 감당할 만한 일을 하고 있습니까?

그리고 부하 직원에게도 리스크를 기꺼이 짊어지도록 독려하고 있습니까?

더이상 도전하지 않는 리더는 리더로서의 자격이 없습니다.

부하 직원이 쉬운 방법만을 선택하고 모험에 뛰어들지 못하는 것은 리더가 그런 결단만 내리고 있기 때문은 아닐까요? 리더가 스스로 어려운 결단을 계속 내려야만 부하도 리스크를 각오하고 실행하지 않을까요?

성격이 아니라 행동을 바꿔라

부하 직원의 의식 개혁을 하고 싶을 때 막연히 정신 운운하는 것으로 직원의 성격이나 사고방식을 바꾸려는 사람이 있습니다.

"자네는 하면 할 수 있는 사람이야", "기합이 부족하군!" 하는 식으로 근성이나 정신력을 언급해가며 격려한다고 해서 부하 직원의 성격이 바뀌지는 않습니다. 자기 성격도 바꾸기가 쉽지 않은데 하물며 다른 사람의 성격이야. 이것은 애초에 불가능한 시도입니다.

그렇다면 부하 직원의 의식과 사고방식은 어떻게 바꾸면 좋을까요?

저는 행동을 바꾸면 의식은 저절로 바뀐다고 생각합니다.

예를 들어 무인양품에는 블록점장이라는, 자신의 점포와 동시에 자기 점포가 있는 블록 내의 다른 점포까지 지도하는 사람이 있습니다. 일반 기업에서는 과장급에 해당하는 관리직입니다. 당연히 블록점장은 성격도 개성도 제각각이어서, 관리직에 어울리지 않는 사람이 이 일을 맡을 수도 있습니다.

하지만 블록점장의 자리에 어울리지 않는 사람이라고 해서 연수 시간에 굳이 그에게 관리직의 마음가짐을 설교하진 않습니다.

일상 업무 중에 자연스럽게 관리직에 어울리는 행동을 취할 수 있는 구조를 마련하는 것이죠.

구체적으로 말하면 본사의 감사실 담당자를 동행시켜 블록점장으로서 해야 하는 행동과 업무를 지도합니다. 블록점장이 각 점포에서 확인해야 하는 사항부터 스태프의 평가 방법까지, "이런 상황에서는 이렇게 행동하세요"라고 수시로 지시를 내립니다. 그것도 될 때까지 수없이 동행시킵니다.

이렇게 함으로써 누가 블록점장이 되더라도 업무가 표준화되어 블록점장에게 요구되는 역할을 수행하게 됩니다.

행동에 결과가 따르면, 자연스럽게 관리직에 어울리는 사고방식과 의식을 몸에 익히게 됩니다.

"자리나 환경이 사람을 만든다"고 흔히들 얘기합니다.

인품이나 성격에 따라서가 아니라 자리에 어울리는 행동을 하도록, 구체적으로 행동을 바꾸는 것입니다.

이를 위한 기본적인 구조를 만들고 개인적으로 해결할 수 있는 플러스알파는 각자의 판단에 맡기면 개성을 활용할 여지도 남습니다.

만약 말이 없는 부하 직원에게 적극적인 커뮤니케이션을 하게 하고 싶다면 사람과의 관계가 얼마나 중요한지 설명하거나 적극성을 격려하기보다 그 부하 직원이 매일 주위 사람들에게 말을 걸어야만 업무가 진행되는 구조를 만들면 좋겠지요.

의식 개혁이란 사람의 성격을 바꾸는 게 아니라 일의 방식을 바꿈으로써 자연스럽게 실현할 수 있습니다.

4

생산성을
세 배로 늘리는 구조

'보상받지 못하는 노력'을 없애는 방법

결과를 내는 노력에도 방법이 있다

일을 대하는 자세 중의 최악은 마치 소년 야구팀의 아이들처럼 막연히 '나는 열심히 하고 있습니다'식의 자세입니다.

아마추어 세계에서는 성과 없는 노력도 인정을 받을 수 있지만, 프로의 세계에서는 아무리 노력해도 결과를 내지 못하면 역부족이었다고 판단될 뿐입니다.

예를 들어 소년 야구 세계에서도 투수가 되고 싶다면, 포지션을 따낼 때까지 다른 사람보다 두 배 더 노력할지, 러닝과 근력 트레이닝을 할지, 그 방법을 생각하고 행동하지 않으면 보통 실력에도 이르지 못합니다.

무작정 열심히 하는 게 아니라 어떤 방법으로 노력하느냐가 중요합니다.

이는 비즈니스 세계에서도 마찬가지입니다.

무인양품에도 "알겠습니다, 열심히 하겠습니다"라고 대답하는 사원이 적지 않습니다. 그런 사람은 노력하는 것 자체를 중시해 '어떤 면을 어떤 수준으로 노력하면 결과가 나올까?'를 생각하지 않는 경향이 있는 듯합니다.

당연한 얘기지만 성과를 내야 비로소 일은 성립됩니다. 노력해도 어떤 성과를 내지 못한다면, 그것은 역시 노력의 방법이 잘못된 것이겠죠.

상징적인 사례가 있습니다.

무인양품에서는 2001년에 자동 발주 시스템을 도입했습니다.

그때까지 매장의 발주 담당자는 반입 업무에 큰 보람을 느끼고 있었습니다. 자신이 잘 팔릴 것이라고 판단해 반입한 상품이 날개 돋친 듯 팔리면 당연히 기쁘겠죠.

때문에 가게 문을 닫은 후에도 "아, 이건 아니다. 아, 저것도 아니다"라며 상품 진열을 바꾸고 어떤 상품을 어떤 타이밍에 반입할 것인지를 고민했습니다. 그러다 막차를 타고 퇴근하는 일이 다반사였지요.

그만큼 자신의 일에 긍지를 가지고 있는 것은 고마운 일입니다.

그런데 그렇게 노력했는데도 상품은 팔리지 않고 재고가 산처럼 쌓이기만 할 뿐이었습니다. 그런데다 팔고 싶은 상품이 매장에 없는 경우도 많았습니다.

그 이유를 '이번 달은 비가 오는 날이 많았기 때문'이라거나 '예상보다 많이 팔렸으니까'와 같은 애매한 대답으로 얼버무리며 넘겨버렸습니다.

발주 업무가 '도박'이 된 것입니다.

그래서 자동 발주 시스템을 도입한 것인데, 가동을 시작한 후 현장에서 불만의 목소리가 흘러나왔습니다.

발주 담당자의 업무 상황을 지켜봐온 사람은 일이 없어져 낙담하고 있는 담당자를 보고 불쌍하다며 동정하기도 했습니다. 또 첫 도입 시에는 한동안 현장이 혼란했기 때문에 "역시 사람이 직접 해야 할 일"이라는 비판도 쏟아져 나왔습니다.

그렇다면 결과는 어땠을까요?

발주 업무에 드는 시간을 대폭 줄일 수 있었습니다.

시간이 줄었기 때문에 발주 담당자는 새로운 업무에 도전할 수 있었고 결과적으로 일의 폭을 넓혀 자신의 성장을 도모할 수 있었습니다.

열심히 발주 업무를 하는 모습은 감동적이지만, 특별한 결과로 이어지지 못한다면 노력의 방법을 고쳐야 합니다.

'얼핏 필요한 것처럼 보이는 노력'에 눈을 빼앗겨 무작정 열심히 해버리기 전에, '정말 이 방법이 괜찮을까?'를 자문해봐야 한다는 거죠.

경험과 감을 데이터로 축적하라

노력을 성과로 잇는 구조는 어떻게 만들고 운영할까요?

솔직히 말하면 이것은 상당히 어려운 일입니다.

자동 발주 시스템을 도입할 때도 그랬습니다. 이제까지 담당자의 경험 정도와 감에 의존했던 일을 구조로 바꾸려 하자, "사람이 노력해 쌓아 올린 기술을 기계가 대신할 수 있을 리 없다"와 같은 불만의 목소리가 현장에서 쏟아져 나오고 있다는 것은 저도 잘 알고 있었습니다.

자동 발주 시스템이란 판매 실적, 시장 동향, 계절 등의 정보를 통해 상품의 판매를 예상하고 일주일분의 물건을 발주하는 시스템입니다. 기준 재고를 밑돌면 발주하는 단순한 구조로, 감과 경험은 끼어들 여지가 없는 시스템이죠.

그래도 조금씩 성과가 나오기 시작했습니다. 게다가 저는 원래 비판에 기가 꺾이는 성격이 아니어서, 시스템의 개혁을 명령하는 일은 있어도 원래 방식으로 돌아갈까 하고 마음이 흔들린 적은 없습니다.

구조를 만들 때 기존의 방식에 익숙해진 사람들이 반대하는 것은 당연합니다. 그렇기에 초기 몇 달은 참는 것도 필요합니다.

무인양품의 경우도 새로운 시스템은 '서서히' 침투해 하나의 구조로 뿌리를 내렸습니다.

그 결과, 발주 작업은 원칙적으로 없어졌고 수정 작업도 50퍼센트에서 10퍼센트로 감소했습니다. 그만큼 생산성이 올라갔다고도 할 수 있습니다. 그러나 그것만이 아닙니다.

자동 발주 시스템의 또 다른 성과는 **이제까지 개인의 경험과 감에 의존하던 일을 데이터로 축적한 것**입니다. 다시 말해 개개인의 소중한 경험과 감을 구조로 공유하는 것입니다.

이것이야말로 업무의 구조화, 나아가 피가 통하는 구조의 장점 중 하나입니다.

많은 경영자를 비롯한 부장, 과장 등 관리자는 부하 직원이 '무조건 열심히' 노력하는 것을 좋아합니다.

매일같이 철야하는 것을 보고 '열심히 하고 있구나'라고 평가하는 모습을 아직도 많은 기업에서 목격하곤 합니다. 이는 앞서 얘기한 노력의 방법을 무시하는 태도입니다.

이래서는 생산성은 오르지 않고 효율화는 도모되지 않습니다.

애써 노력하는 본인도 좋을 리 없겠죠.

리더는 '노력하면 성과를 내는 구조'를 생각해야만 합니다.

원인을 찾는 순간 문제의 80퍼센트는 해결된다

가령 영업부의 실적이 계속 침체되어 있다고 칩시다.

제품이 팔리지 않는 원인으로 대개 "판매 방법이 좋지 않다"라는 의견이 나오면 세일즈 토크 sales talk 나 접객 태도를 고치려고 합니다.

그런데 그게 진짜 원인일까요?

영업부원이 성장하지 못하는 것은 개개인의 능력 문제만이 아닐 수 있습니다. 그보다는 일부 톱 세일즈맨의 노하우를 부서 안에서 공유하지 않기 때문일지도 모릅니다.

'그 노하우를 공유할 필요는 없다' 또는 '공유하고 싶지 않다'고 생각하는 사람이 많다면, 거기에 문제의 본질이 숨어 있을 수 있습니다.

만약 영업부원끼리 경쟁시켜서 판매 실적을 올리려고 한다면, 노하우는 공유되지 못한 채 실적이 떨어지는 영업부원은 점점 위축되고 말 것입니다. 방법을 바꾸지 않는 한 제대로 팔지 못하는 세일즈맨을 더욱 양산할 뿐입니다.

문제는 근본적인 원인을 찾지 않으면 결코 해결되지 않습니다. 본질을 찾아내지 못하면 문제가 발생해도 임기응변적인 대응밖에 할 수 없습니다.

140

우선은 '문제를 눈에 보이도록 드러내는 작업'이 필요합니다.

문제가 가시화되지 않는 것은, 개인의 문제가 아니라 조직 풍토와 구조에 원인이 있다고 할 수 있습니다.

가시화를 피하고 있다면, 이는 조직의 한 사람 한 사람이 '귀찮은 일에는 관여하고 싶지 않아', '주어진 일만 하면 그만이지'라는 생각으로 문제를 '남의 일처럼 대하고 있기 때문일지도 모릅니다. 그런 의식을 가지고 있는 한 근본적인 문제는 절대 드러나지 않습니다. 누군가가 깊이 파고들지 않으면 안 됩니다.

사장 취임 초기 시절, 의류 잡화 사업부의 판매가 부진했습니다. 실적을 높이기 위해 어떻게 하면 좋을지를 생각했는데, 역시 해결책은 '가시화'였습니다.

판매 데이터를 가시화해 제대로 분석한 다음 대책을 세우는 것. 명문화하기엔 당연한 일처럼 여겨지는 일이지만, 이것이 제대로 이뤄지지 않고 있었던 것입니다.

의류 잡화 사업부만 해도 다섯 개로 나뉘어 있었는데, 그때까지는 부서마다 관리 장부도 제각각이었습니다.

각 부서의 담당자가 독자적으로 엑셀 시트를 만들어 관리했기 때문입니다. 의류 잡화 사업부의 모든 데이터를 일괄적으로 볼 수 있는 구조가 없었던 것입니다.

예를 들어 신사복만 해도 티셔츠, 셔츠, 재킷, 스웨터, 바지까지 여러 종류가 있습니다. 게다가 각각의 아이템마다 V넥, U넥 등의 디자인도 다양하고 색상과 사이즈도 여러 종류입니다.

그런 가운데 뭐가 팔리고 뭐가 팔리지 않는지를 자세히 분석해 대책을 세우는 일은 신사복 담당자에게 모두 맡겨져 있었습니다. 때문에 어느 공장에 얼마나 발주하고 제조 중인 상품은 어느 정도이며 완성품은 언제, 어느 시점에 입하하고, 남은 상품은 언제부터 얼마만큼 할인해 처분할 것인지 등의 중요한 정보를 담당자밖에 모르는 상태였습니다.

이런 시스템으로는 전사(全社) 차원의 효과적이고 통일된 대책을 세울 수 없습니다.

개인의 능력 수준이 회사의 수준이 되고 마는 것입니다.

만약 담당자가 회사를 떠나면 모든 데이터를 제대로 파악할 수 없습니다. 새로운 담당자는 단품의 전년 대비 상황조차 파악할 수 없는 상황에 놓이는 것이죠.

그것을 가시화하기 위해 일괄로 관리할 수 있는 시스템을 만들었습니다.

단품의 판매 동향은 3주에 한 번씩 판단할 수 있도록 플래그를 붙여 모든 사람이 볼 수 있게 했습니다.

판매 동향에 따라 액셀을 밟거나 브레이크를 걸거나 할 수 있게 했고, 재고가 생긴 점포는 그 제품이 잘 팔리는 점포로 이동할 수 있게 되었습니다. 판매에서도 개선이 이뤄져, 온라인으로 먼저 판매해 판매 동향을 파악할 수 있게 되었습니다.

이런 본질적인 해결책을 도입한 결과, 2000년에 약 55억 엔이었던 재고가 3년 동안에 약 18억 엔으로까지 줄었습니다. 3분의 1 가까이 감소한 것입니다. 판매는 거의 변함이 없었으니, **낭비를 줄이는 것만으로도 생산성이 세 배가 된 것**이라고도 생각할 수 있습니다.

근본적인 원인을 발견하면 그것을 콕 집어 손을 쓰면 됩니다. 문제의 원인을 발견하는 순간 절반 이상은 해결되는 것입니다.

대학 교수나 연구자가 논문을 쓰려고 할 때는 우선 그 분야의 과거 연구 논문이나 사례를 조사합니다. 더 나아가 이제까지의 연구와 실험에서는 해명되지 못한 사실과 사례에 대해 자신만의 가설을 세우고 그것을 입증합니다.

비즈니스 문제 해결 방법도 기본적으로 이와 같습니다.

과거의 문제나 성공적인 예를 분석하고 자기 나름의 해결책을 생각해 실행합니다. 출발 시점에서의 분석이 부족하면, 그 이후의 해결책도 불충분해집니다.

문제는 의외의 곳에 숨어 있는 경우가 많습니다.

그것을 놓치지 않기 위해서라도 저는 조직을 있는 그대로 드러낼 수 있도록 가시화에 나서고 있습니다.

책상 위가 깨끗한 회사가 성장하는 이유

어떤 사무실이든 서류나 파일이 쌓여 금방이라도 와르르 무너질 것 같은 책상, 자리 주변에 종이 상자를 잔뜩 쌓아놓아 요새처럼 된 책상이 하나쯤은 있게 마련입니다.

무인양품의 본사에도 예전에는 그 같은 책상이 무척 많았습니다.

책상 위에 자료가 잔뜩 쌓여 있어, 업무를 볼 수 있는 공간이라고 해봐야 종이 한 장 놓을 자리 정도입니다. 책상 아래에는 종이 상자에 담긴 샘플 등이 놓여 있어서 그야말로 발 디딜 틈도 없는 상태이고요. 어떻게 그런 데서 일을 할 수 있는지가 오히려 불가사의할 정도였습니다.

그러나 지금은 '클리어 데스크 룰'을 실시해 모든 책상들이 정리정돈 되어 있습니다.

퇴근할 때 개인 물건이나 진행 중인 업무 서류 등을 남겨두지 못하게 해서, 책상 위에 컴퓨터와 전화만 놓여 있게 합니다.

그렇다고 해서 책상 위에 있는 물건을 서랍에 넣어두는 것만으로는 문제가 해결되지 않습니다.

가위나 스테이플러, 풀 같은 문구류는 부서마다 공유하게 했습니다. 개인적으로 문구류를 소지하면 소지품이 한없이 늘어나니까요. 이 룰을 처음 시행했을 때 평소 사용하지 않는 스테이플러와 가위 같은 문구류를 한곳에 모았더니 산더미처럼 쌓였습니다. 개인마다 소유하면 그만큼 경비도 들고 공간이 아무리 많아도 곧 부족해지고 맙니다.

또한 공유 문서로 업무를 하도록 철저히 지도합니다.

여기에는 '종이 자료를 줄인다'는 것 이상의 목적이 있습니다.

예전의 무인양품은 사원 개인이 정보를 보유하는 경향이 있었습니다. 이것을 피하기 위해 업무를 개인이 아니라 조직과 연결하게끔 공유 문서를 쓰는 습관을 들이게 한 것입니다.

작성한 문서는 개인이 따로 보관하지 않고 누구나 알 수 있는 파일에 모아 부서마다 놓인 캐비닛에 넣습니다. 캐비닛 문도 없어서 가시화를 확대했습니다.

여기까지 하면 "3개월 전 회의 때 받은 자료를 어디에 뒀더라……." 같은 말이 나와도 누구나 금방 찾아낼 수 있습니다. 자료가 산처럼 쌓인 책상이나 무엇이 어디에 들어 있는지도 모르는 캐비닛으로는 서류를 찾는 것만으로도 시간을 허비하게 됩니다. 이렇게 계속 시간을 낭비하는 것은 생산성을 낮추는 요인이 됩니다.

공유 문서를 이용하면 사원끼리 의사소통도 잘 이루어져 정보 전달력이 높아진다는 장점도 있습니다.

담당자가 장기 휴가를 떠났거나 출장으로 자리를 비웠을 때 거래처에서 문의가 들어오면, 임시 담당자가 당황하며 원래 담당자에게 연락하는 것은 비일비재한 일이죠.

공유 문서를 일괄적으로 관리하면, 다른 사원이 대신 해당 업무에 대응할 수 있습니다. 물론 담당자가 인사이동으로 자리를 옮기게 됐을 때도 인수인계가 원활하게 이뤄질 수 있지요.

가시화하기로 결정했다면 빈틈없이 추진해야 합니다.

무인양품의 경우, 클리어 데스크 추진 팀을 만들어 각 부서의 책상이나 캐비닛을 일일이 찾아 체크했습니다. 그 결과 불필요한 캐비닛 수를 줄일 수 있었고, 빈 공간에는 커피메이커 등을 놓아 사원들이 모여 이야기를 나누거나 휴식을 취할 수 있는 공간을 마련했습니다.

점포에서도 이와 마찬가지로 가시화를 추진했습니다.

예전에는 창고에 상품을 가지러 갈 때 재고가 어디에 놓여 있는지는 여성복이면 여성복 담당자, 문구류는 문방구 담당자밖에 몰랐습니다.

그래서 〈무지그램〉으로 재고관리 방식을 자세히 정해 담당자가 아닌

직원도 재고를 찾을 수 있게 했습니다.

이것 역시 정보 전달력을 높이는 구조라고 할 수 있습니다.

클리어 데스크와 창고 관리는 단순히 정리정돈만이 목적이 아닙니다. 그에 따라 조직의 풍토와 구조를 바꿀 수도 있으니까요.

사무실이 깨끗이 정돈되어 있는 기업은 청결 의식뿐 아니라 정보 발신력도 높아집니다.

업무의 데드라인을 가시화하라

'마감을 정하지 않는 작업'은 업무라고 할 수 없습니다.

팀의 리더가 되면 자기 업무뿐만 아니라 부하 직원에게 할당한 업무도 반드시 데드라인을 설정해야 합니다.

그런데 '데드라인을 정했다'는 것만으로 만족하는 경우가 종종 있습니다.

그런 사람은 자기 업무의 데드라인조차 잊어버리기도 하죠.

또 그런 리더 밑에서는 똑같이 데드라인을 지키지 않는 부하 직원이 반드시 나옵니다. 곁에서 지켜보면 그리 업무량이 많지 않은 사원인데도 데드라인을 지키지 못하는 경우가 자주 있습니다. 이유를 물으면

"다른 일로 바빴습니다", "급히 요청받은 일이 있어서요"라고 대답할 겁니다.

물론 데드라인을 정해도 지킬 수 없는 경우도 있습니다. 이것 역시 구조로 해결할 수 있는 문제입니다.

데드라인을 가시화하는 것입니다. 무인양품에서는 두 가지 구조로 모든 업무의 데드라인을 가시화하고 있습니다.

첫번째 구조는 '데드라인 보드'를 활용하는 것입니다.

이것은 부서 단위로 관리되어 부서장의 책상 가까이 놓입니다. 부서장은 부하에게 일을 지시했을 경우 데드라인 보드에 담당자와 지시 내용, 데드라인 등을 적어놓습니다. 그 일이 데드라인까지 이뤄지면 ○, 지켜지지 않으면 ×를 표시합니다.

이로써 누가 어떤 일을 하고 있는지 한눈에 볼 수 있고 그 진척 상황도 파악할 수 있습니다. 마감 시한을 모든 사원이 체크할 수 있기 때문에 긍정적인 긴장감도 생깁니다.

두번째 구조는 사내 네트워크에 있는 'DINA(다이나)' 시스템입니다.

DINA는 '마감Dead Line', '지시Instruction', '연락Notice', 의사록Agenda의 머리글자를 딴 것으로, 컴퓨터를 통해 모든 부서의 업무 지시와 연락 사항 등을 공유할 수 있습니다.

일례로 회의가 끝나면 기획실 담당자가 의사록을 작성, DINA 시스

[데드라인을 관리하는 구조 – DINA]

무인양품	A046 DINA 시스템

등록일	20130416 ~	업무 분류	모두 ▼
실시 기한	~	차출 부서	모두 ▼
열람 상황	모두 ▼ 대상 부서 ▼ 모두 ▼	전 부서	모두 ▼

검색　신규 작성
열람과 외(外) 등록

등록일	대상 부서	차출 내용 업무 분류	부서	이름	타이틀	실시 기한	열람 상황 본인	부서	실시 상황
13/04/26	전 부서	업무 연락	총무인사			–	○	○	–
13/04/24	전 부서	업무 연락	기획실			–	○	○	–
13/04/24	생활잡화부	데드라인	기획실			2013/05/07	○	○	완료
13/04/23	전 부서	업무 연락	총무인사			–	○	○	–
13/04/23	전 부서	업무 연락	총무인사			–	○	○	–
13/04/23	해외사업부	데드라인	기획실			2013/06/20	○	○	완료
13/04/23	무인네트	데드라인	기획실			2013/06/13	○	○	완료
13/04/22	전 부서	업무 연락	기획실			–	○	○	–
13/04/19	전 부서	업무 연락	세무인사			–	○	○	–
13/04/19	전 부서	업무 연락	경리재무			–	○	○	–
13/04/19	전 부서	업무 연락	경리재무			–	○	○	–
13/04/19	전 부서	업무 연락	총무인사			–	○	○	–

이 화면으로 '마감', '지시', '연락', '의사록'을 일원화한다

템에 올려 모든 사원이 열람할 수 있게 합니다. "오늘 TV로 이 상품이 소개됩니다"와 같은 연락 사항이 있으면 여기에 올려 정보를 공유할 수도 있습니다.

부서 안에서 마무리되는 작은 일은 여기에 싣지 않지만, 출점 계획과 같이 다른 부서도 관련이 있는 안건은 반드시 업데이트합니다.

또 다른 예로, 회의 때 생활잡화부에 '상품 조립 설명서의 질을 높일 것'이라는 지시가 떨어졌습니다. 회의에서는 데드라인도 정해지기 때문에 그 지시의 구체적인 내용을 DINA 시스템에 올리고 언제부터 실시하는지도 입력합니다.

올린 내용을 각 부서가 파악하는지를 체크하는 것도 중요합니다.

부서에서 누군가가 열람하지 않았을 때는 화면에 ×표가 쳐져 있습니다. 누가 보지 않았다는 것까지는 알 수 없기 때문에 각 부서 상사가 아직 확인하지 않은 사람에게 지시를 내립니다. 이로써 회의에 참석하지 않은 사람에게도 빠짐없이 정보가 전달되는 것입니다.

그리고 그 업무가 마감 시한까지 완료된 경우에는 지시를 내린 사람이 완료 체크를 합니다. 만약 마감까지 완료하지 못한 경우에는 지시 내용과 기일을 다시 수정해 새로 데드라인을 설정합니다.

이렇게 함으로써 업무의 모든 진척 상황을 가시화할 수 있게 되었습니다.

이것은 히로시마에 있는 한 병원에서 도입한 시스템을 참고로 무인 양품에 맞게 개발한 것입니다.

이들 구조에는 두 가지 효과가 있습니다.

첫번째 효과는 'PDCA 사이클'이 실행된다는 것입니다.

PDCA 사이클이란 '계획Plan', '실행Do', '평가Check', '개선Act'의 과정을 순서대로 따르는 매니지먼트의 하나입니다.

상사가 '기획을 생각해두라'고 지시를 내릴 때 급한 게 아니라면 데 드라인을 설정하지 않는 경우도 있습니다. 그런데 데드라인이 없으면 기획이 얼마나 진척되고 있는지를 알 수 없기 때문에 실행, 평가, 개선으로 이어질 수 없습니다. 데드라인을 꼭 설정하고, 더 나아가 그것을 가시화하면 모든 일이 계획대로 이루어져 실행으로 이어집니다. 그런 방식으로 PDCA 사이클이 돌아가게 됩니다.

두번째 효과는 상사가 지시 내용을 잊지 않게 해준다는 것입니다.

정신없이 바쁜 상사는 자신이 내린 지시를 종종 잊어버리죠. 하지만 이를 가시화하면 모두가 정보를 공유함으로써 지시 사항이 누락되는 것을 미연에 방지할 수 있습니다.

무인양품에서는 데드라인을 가시화한 결과, 생산성이 눈에 띄게 높아졌습니다.

이는 업무가 빠짐없이 수행된 결과이기도 하지만, 동시에 업무를 가시화함으로써 어떤 어떤 일이 언제까지 완료되지 않으면 안 된다는 긴장감이 높아졌기 때문이겠죠.

'보·연·상'이 사람의 성장을 막는다

신입사원들 대다수는 보고·연락·상담, 이른바 '보·연·상'이 업무의 기본이라고 배웁니다.

이것은 분명 매우 중요한 업무이지만, 정신없이 바쁜 리더가 모든 부하 직원에게 보고를 받고 일일이 대응할 수는 없습니다. 자기 업무만으로도 눈코 뜰 새가 없는데 세세한 보고를 받아 지시까지 하며 모든 것을 인수인계한다면 리더의 업무 생산성이 떨어지고 말겠지요.

무인양품에서는 보·연·상 대신 앞에서 소개한 DINA 시스템으로 일의 진척 상황을 확인합니다.

데드라인 날짜에 상사가 성과를 확인하고, 일이 제대로 진행되지 않았다면 어디서 문제가 생겼는지 확인해 충분히 대응할 수 있습니다.

기본적으로 작은 문제는 부서 안에서 해결합니다. 다만, 만에 하나 중대한 문제가 일어난 경우에는 조속히 경영진까지 정보를 올려 경영진이 해결하는 구조를 갖추고 있습니다. 보·연·상이 하염없이 이뤄지는 게 아니라 요소요소에서 적절히 이뤄지면 업무 속도가 늘어지지 않게 진행될 수 있습니다.

사람들은 대개 보·연·상에 대해 이렇게 말합니다. 부하 직원이 상사에게 수시로 보고함으로써 의사소통을 하는 것과 동시에, 아직 크게 번지기 전에 문제나 실수를 발견해 해결할 수 있게 해준다고요.

그러나 지나친 보·연·상은 **사람이 성장할 수 있는 싹을 꺾어버리는 행위**라고 생각합니다.

항상 상사가 일에 관련되어 있으니 부하 직원의 자주성이나 스스로 창의적인 연구를 하려는 의식이 자라기 어렵습니다.

"오늘 아침에 지시하셨던 일들을 끝냈습니다."

"A사에 기획서를 보냈는데 반응이 좋지 않습니다. 어떻게 할까요?"

부하 직원은 이런 보고를 할 때마다 상사의 판단을 기다리게 됩니다. 그러다 보면 스스로 생각해서 움직이는 판단력도 실행력도 기를 수 없습니다.

이런 경우, 상사의 지시만 들으면 된다고 생각하는 사람이 점점 더 생겨나고, 스스로 생각하고 스스로 움직이는 사람은 길러지지 않습니다.

상사의 지시를 받은 후에 움직이면, 상사가 외근이나 회의 때문에 자리를 비웠을 때 일이 정체되고 맙니다. 그 결과, 업무 속도가 떨어지고 생산성도 떨어지지요.

또한 과도한 보·연·상은 조직을 수직적 관계 중심으로 만들어버립니다. 상사에 대한 보고와 상담만 중시하다 보면 다른 부서와의 연락은 생각지 않게 됩니다.

저는 종종 "부서에 좋은 것이 회사 전체에 좋은 것은 아니다"라고 사원들에게 말합니다.

예를 들어 각 부서가 인사총무부에 조직 개선을 위한 인원 충원 요청을 합니다. 해외사업부에서는 해외 출점 수의 증가에 따라 증원을 요청하고, 품질보증부에서는 품질 수준을 높이기 위해 증원을 요청하는 것이죠. 모든 부서의 이러한 요청을 받아들이자면 충원 인원이 한없이 늘어나야 합니다. 하지만 경영진은 판매 성장률 아래로 고용을 억제해야만 합니다.

무인양품에서는 사장이 이 사안을 결재합니다. 왜냐하면 전체를 위해 가장 좋은 선택이 무엇인지를 가장 정확하게 판단할 수 있는 눈을 가진 사람이기 때문입니다.

지나친 보·연·상은 사원의 의식을 자기 부서에 묶어놓기 때문에 내향적인 사고를 갖게 되어 자기 부서만 알게 되기 쉽습니다. '전체를 위한 최적의 판단력'을 기르기 위해서라도 리더는 부하 직원들을 지나치게 수중에 두지 않는 것이 중요합니다.

6시 30분 퇴근을 칼같이 지키는 이유

무인양품은 유럽의 프랑스와 이탈리아, 스페인에도 체인점을 두고 있습니다.

개점 때는 현지에 가서 시찰을 하는데 유럽 사람들과 일본인의 생활방식은 전혀 다르다는 것을 실감했습니다.

일본인은 식사를 하는 것도 업무의 일환으로 여기는지, 퇴근하고 음식점에 가도 메뉴를 3분 만에 결정하고 다음 날의 일에 대비해 서둘러 귀가합니다. 일본인들에게는 식사가 배고픔을 해결하기 위한 행위라는 느낌이 들었습니다.

한편 유럽 사람들이 두 시간씩 들여 점심식사를 한다는 얘기는 유명하죠.

그렇다고 와인까지 마시지는 않지만, 그들은 담소를 즐기며 에너지를 충분히 보충한 다음 오후 일에 나섭니다.

그만큼 퇴근도 늦어져서 저녁 8시가 지나서야 저녁을 먹습니다. 와

인을 무엇으로 할지, 어떤 음식을 먹을지로 30분 가까이 친구들과 시끄럽게 떠들면서 결정합니다. 그런 뒤엔 천천히 마시고 요리를 음미하고 끊임없이 대화를 나누면서 새벽 1시가 넘도록 저녁 식사를 즐깁니다.

'저렇게 늦게까지 노는데 내일 일은 괜찮을까?' 싶지만, 다음 날 아침 9시가 되면 아무 일 없다는 듯 출근합니다.

인생을 즐긴다는 것은 저런 삶이 아닐까 하는 생각이 들었습니다. 업무 이외의 시간에 자신만의 시간을 즐기는 유럽인들의 삶이 훨씬 인간답지 않은가요?

주재원으로 10년쯤 유럽에 나가 있던 직원에게 일본으로 돌아오라고 하면, "이제는 일본의 기업 문화로는 돌아갈 수 없다"며 회사를 그만두고 현지에 살기를 선택하는 사람이 여럿 있었습니다. '유럽 국가에는 10년 이상 내보내지 말 것'이라는 암묵적인 파견 기준을 고민했을 정도입니다. 농담 같은 이야기이지만 유럽에서 일하면 그만큼 가치관이 변해버린다는 거죠.

일본 비즈니스맨들의 생활을 보면 유럽인들과는 대조적입니다.

이른 아침부터 밤늦게까지 일하고 주말에는 업무 스트레스로 일어날 기운조차 없습니다. 그런 회사 생활을 수십 년 이어가다 정년을 맞았을 때 과연 이들에게는 무엇이 남을까요?

무인양품의 사원들도 모두 일에 열심이고 야근은 당연하다는 풍조가 있었습니다. 특히 상품부 사원은 매일 막차를 타도록 늦게까지 일하고, 쉬는 이틀의 주말 중 하루는 집 청소를 하고 남은 하루 동안에야 겨우 쉬는 상황이었습니다. 이런 생활 속에서는 생산성도 오르지 않고 업무 아이디어도 좀처럼 생기지 않습니다.

그래서 저는 사원들의 야근을 없애기로 결정했습니다.

야근을 완전히 없앤다는 목표를 갑자기 세운다고 해서 바로 달성할 수 있는 건 아니죠. 그래서 우선은 일주일에 하루, '야근 없는 날'을 만드는 것부터 시작했습니다.

매주 정해놓은 요일에 모든 사원이 정시에 퇴근을 하게 했습니다. 이것은 의외로 쉽게 목표를 달성했습니다. 그래서 6개월 후부터는 야근 없는 날을 이틀로 늘렸습니다. 이때는 처음에 조금 혼란도 있었지만 이 목표도 그럭저럭 달성했습니다.

그리고 드디어 야근을 완전히 없애는 구조 만들기에 착수했습니다. '6시 30분 칼퇴근'을 철저히 지키게 한 것입니다.

여기서부터 문제가 생기기 시작했습니다. 오후 6시 30분이 되면 돌아다니면서 사내의 전기를 모조리 끄자 일단 돌아가는 척하고는 시간을 뒀다가 회사로 돌아오는 사원도 있었습니다. 집에 일을 가지고 가서 해오는 사원도 있었습니다. 이래서는 야근을 없애는 의미가 없었지요.

야근하는 사람은 대체로 같은 사람이었습니다. 그런 사람들의 공통점은 매우 성실하다는 것입니다.

일에는 굵은 가지도 있지만 자잘한 가지나 나뭇잎 같은 부분도 있습니다.

이를테면 굵은 가지란 회의에서 신상품 프레젠테이션을 할 때 기획을 통과하는 일을 말합니다. 그런데 성실한 사람은 시간을 들여 프레젠테이션 자료를 준비하고 지엽적인 '나뭇잎'까지 철저하게 살펴보고 싶어합니다.

그렇다고 해서 야근을 없애기 위해 업무의 질을 떨어뜨려도 된다는 얘기는 아닙니다.

시간 안에 일을 끝내는 것의 중요성을 인식하고 그에 관해 연구하지 않으면 생산성은 오르지 않습니다.

예를 들어 회의에 필요한 자료를 파워포인트로 만들되 포맷을 부서에서 결정해두면 모인 자료를 그 안에 넣기만 하면 되므로 여분의 노력을 줄일 수 있습니다. 정보의 공유화로 업무의 질을 떨어뜨리지 않고도 생산성을 올리는 것입니다.

근무하는 여덟 시간 내내 일하는 것 같지만 노는 시간도 꽤 많습니다. 무인양품에서도 사원들의 인터넷 사용을 조사해보니, 근무 시간의 25퍼센트 정도는 일과 관련 없는 사이트를 보았습니다.

이처럼 업무 방식을 주의 깊게 들여다보면, 불필요한 일에 들이는 시간과 에너지가 상당하다는 것을 알 수 있습니다.

일의 본질을 찾아내면 생산성은 단숨에 뛰어오릅니다. 똑같은 여덟 시간 노동이라도 전보다 업무량이 늘겠죠.

오후 늦게는 새 업무를 맡기지 않는다

야근을 없애는 데 가장 효과적인 방법은 일정한 데드라인을 설정하는 것입니다.

한정된 시간 안에 일을 마치려면 집중력이 생기고, 우선순위를 두고 보다 효율적으로 일하게 됩니다.

단, 데드라인만으로는 야근을 없앨 수 없습니다.

업무량이 줄지 않는 한, 사원 수를 늘리거나 업무 시간을 늘리는 두 가지 방법 외에는 달리 대처 방법이 없는 것도 사실입니다.

그러나 사원 수를 늘리는 것은 진정한 개선책이 아닙니다. 같은 질의 업무를 위해 사원의 수를 늘려 대응하려고 하면, 발전이 없습니다.

따라서 역시 업무량을 줄이는 쪽에 본질적인 해답이 있습니다.

저는 모든 부서에 야근을 없애기 위한 방안을 제안하게 했습니다.

그러자 예를 들어 상품부에서는 "지금 사용하고 있는 데이터로는 필요한 정보를 얻을 수 없기 때문에 스스로 가공해 자료를 만들고 있다"는 의견이 나왔습니다. 그래서 시스템부와 상담해 필요한 데이터를 모두 시스템에 넣을 수 있게 했습니다. 이런 일이 쌓이고 쌓여, 회사 전체의 인력과 작업량을 20퍼센트 이상 줄일 수 있었습니다.

그런데도 야근을 완전히 없애는 것은 어려워서, '10퍼센트 룰'을 도입해 각 부서별로 오후 6시 30분 이후에 남아 있는 직원의 수를 10퍼센트 이하로 낮추기로 결정했습니다. 결산이나 상품 전시회 등으로 야근을 피할 수 없는 날이 있기 때문이죠.

이것을 2013년에는 7퍼센트로 낮춰서 생산성을 더욱 높일 수 있게 했습니다.

지금은 결산 시기이거나 상품 전시회 등이 있어도 전 부서에서 '7퍼센트 룰'을 지키고 있습니다.

야근을 줄일 수 없는 것은 개인의 업무 방식 때문만이 아니라, 회사의 업무 구조와도 관계가 있습니다.

무인양품에서는 우선 '오후 늦게는 새 업무를 맡기지 않는다'는 룰을 만들었습니다. 상사가 부하 직원에게 작성하는 데 두 시간 걸리는 자료를 만들라고 오후 5시쯤 지시하면 당연히 야근을 하게 되기 때문입니다.

또 상사만이 아니라 다른 부서에 일을 의뢰하는 것도 이른 오전 시간에 끝내게 했습니다. 이렇게 하면 업무를 요청하는 쪽도 데드라인을 재빨리 역산해 일을 할당함으로써 생산성을 높일 수 있습니다.

야근을 없애려고 시도하는 기업은 많지만 대부분은 실패합니다.

그것은 업무량을 줄이거나 인원을 늘리지 않고는 업무 시간을 줄인다는 게 불가능하기 때문입니다.

데드라인을 정해 야근을 줄이는 것만이 아니라, 상사가 업무 지시 방식을 바꾸거나 계속해서 업무를 개혁하거나 개선해 업무량을 줄이는 등의 연구를 해야 마침내 실현할 수 있는 일입니다.

그런데 저는 무슨 일이든 철저히 하지 않으면 직성이 풀리지 않기 때문에 부득이하게 야근을 하곤 했는데요. 그럴 때면 인사부에 야근 신청서를 제출하되, 되도록 야근하는 일을 피했습니다. 윗사람이 솔선수범하면 부하도 따를 수밖에 없기 때문에 야근을 줄이자는 의식이 강해집니다.

만약 야근을 일에 대한 열의의 표현이라고 생각하는 상사가 있다면 우선 그 생각부터 고쳐야 합니다. 일에 대한 공헌도는 시간이 아니라 결과로 측정해야 합니다.

제안서는 A4 한 장으로

국회 중계방송을 보고 있으면 종종 졸고 있는 의원의 모습을 발견할 수 있습니다.

자기가 발언하지 않고 다른 의원들의 대화를 듣고만 있다 보면 졸린 게 당연하겠죠. 학교 수업과 마찬가지로 일방적으로 이야기를 들으면 아무래도 집중력이 떨어집니다.

수많은 회사에서도 연일 회의가 진행되는데, 무인양품도 예외가 아닙니다.

그런데 시간을 낭비하는 회의는 아무 의미가 없습니다.

어떤 안을 논의하는 것도 중요하지만 어디까지나 '결정하고 실행하기' 위한 회의여야 하니까요. 회의가 끝난 후가 본격적인 단계이고 그 전까지는 준비 단계입니다.

'실행 95퍼센트, 계획 5퍼센트'인 기업으로 만들기 위해서는 회의 준비에 드는 시간을 최소한으로 줄이고 실행하는 데 시간을 투자해야 합니다.

이를 위해 무인양품에서는 회의 때 제출하는 제안서는 A4 용지 한 장으로 정했습니다. 신규 출점 같은 대형 안건이라도 제안서는 무조건 A4 한 장입니다.

이 역시 처음에는 회사 안에서 순순히 받아들여지지 않았습니다.

머리를 굴려 A3로 작성한 자료를 A4로 축소 복사해오는 사람이 있는가 하면, 파워포인트의 슬라이드를 앞뒤 한 장에 모두 들어가게 인쇄해놓고 "한 장입니다"라며 제출하는 사람도 있었습니다. 이런 점에서는 모두가 지혜를 짜낸 셈이지요.

제안서의 포맷은 특별히 정하지 않았지만, 필요한 수치와 중요한 정보가 들어 있는지가 관건입니다.

신규 출점에 관한 제안인 경우, 후보지 주변 정보, 매장 면적, 임대료와 보증금, 주위에 무인양품 체인점이 있는지와 같은 기본적인 데이터와 판매 목표뿐만 아니라 5년 치의 손익계산서(얼마나 이익을 얻을 수 있는지를 나타내는 재무제표 중 하나)도 예측해 넣습니다.

이에 관해 회의에서 프레젠테이션을 할 때는 건물의 외관 사진이나 출점 장소의 플로어 도면, 주변 지역의 지도 등을 프로젝터 화면으로 보여주며 설명합니다.

이런 내용을 한 장의 종이에 다 담기 위해서는 사전에 충분한 조사를 마친 뒤라야 하겠죠.

그때 지표가 되는 것이 〈업무기준서〉입니다.

예를 들어 주변 지역의 소비자층이나 후보지 주변의 통행량, 인근 산업 시설을 파악해 얼마만큼의 판매를 예상할 수 있는지를 분석하거나 조사하는 포인트는 모두 결정되어 있습니다. '교외지역이니 가족 단위 고객층이 많아 자동차나 자전거로 찾아올 것 같은 장소라면 꽤 높은 이익을 낼 수 있지 않을까'와 같은 조사 결과를 바탕으로 판단해야 합니다.

조사 결과 자체는 실행과 직접 연결되기 때문에 시간을 투자해야만 합니다.

하지만 제안서는 그저 문서이기 때문에 그걸 작성하는 데 시간을 투자하는 것은 일의 본질에서 벗어난 일이라고 할 수 있습니다.

회사에서 보면 파워포인트를 통해 화상 이미지나 일러스트를 많이 사용하거나 복잡한 그림을 그려 넣는 등 기획서를 만드는 데 많은 노력을 기울이는 사람이 있습니다.

그러나 그것은 일의 본질에서 벗어난 불필요한 일입니다.

기획을 통과하는 게 목적이지, 보기 좋은 기획서를 만드는 게 목적은 아니니까요.

저도 전에는 수십 페이지에 달하는 제안서를 며칠에 걸쳐 작성했습니다.

수십 장의 제안서는 만드는 데도 시간이 걸리는 데다 회의 때도 한 시간 넘게 프레젠테이션을 해야만 했습니다. 발표하는 사람에게도 듣는 사람에게도 고역이라 다른 의제를 논의할 의욕마저 없어지는 만큼, 생산성을 빼앗는 일이라 할 수 있죠.

수십 장의 제안서라도 중요한 포인트는 A4 한 장에 담을 수 있습니다.

어느 단계의 작업에 시간을 투자할지를 정해놓지 않으면 시간은 한 없이 들어갈 뿐입니다.

게다가 정보량이 너무 많은 문서로는 제대로 커뮤니케이션할 수도 없습니다.

점포에는 날마다 상당한 양의 소식지와 지침이 도착합니다.

A4 한 장 정도로 줄이지 않으면 읽을 수조차 없지요. 잔뜩 써놓으면 전하는 바의 핵심을 이해하는 것도 어렵습니다. 특히 **'경영'은 커뮤니케이션의 양과 속도로 결정**됩니다. 커뮤니케이션을 저해하는 대량의 기획서는 경영의 실행력을 현저히 떨어뜨립니다.

참고로 파워포인트의 사용을 금지하는 기업도 있지만 무인양품에서는 그렇게까지 하지는 않습니다. 프레젠테이션 때 필요한 정보를 전달한다는 목적을 수행하기 위해 파워포인트와 엑셀을 사용하는 것은 문제가 되지 않습니다. 그러나 그것은 어디까지나 수단임을 인식해야 합니다.

꼭 전해야 할 포인트를 스스로 파악하고 있는지는 A4 한 장으로 요약할 수 있을 때 비로소 알 수 있습니다.

회의를 위한 회의는 그만

한 기업의 '실행력'은 회의하는 모습을 보면 알 수 있습니다.

이전 무인양품의 회의는 말 그대로 회의를 위한 회의였습니다. 이른바 부서들의 자리 차지하기 분위기가 암암리에 깔려 있었습니다.

가령 새로운 점포를 낸다고 하면, 점포개발부장이 책임자로서 임원들과 각 부서장이 모두 모인 자리에서 프레젠테이션을 합니다. 그런데 발표 내용을 이해할 수 있는 사람은 얼마 되지 않습니다. 그 안건이 타당한지 아닌지는 개발부장과 사장 정도만이 판단할 수 있지요.

그럼에도 불구하고 다른 부서의 부장도 그 자리에 출석한 이상 한마디 하지 않을 수 없어 적당한 의견을 내놓습니다.

"그 부근의 통행량은 얼마나 되죠?", "어떤 사람들이 살고 있나요?"라는 질문을 던지고 담당자가 제대로 대답하지 못하면 재조사라는 결론을 내립니다. 그렇게 해서 담당자가 다시 조사해 새롭게 의제를 들고 왔다가 지엽적인 부분을 지적하는 질문을 받고, 몇 개월씩이나 조사에만 매진했음에도 불구하고, 아무런 보람도 없이 부결되는 경우도 있습니다.

이쯤 되면 담당자로서는 격분할 일이고, 무엇보다 경영의 효율이 현저히 떨어집니다.

그 결과, 사내에 만연하는 것은 사전 공작입니다.

그 안건에 대해 영향력을 가진 임원에게 사전 공작을 펼치면서, 은밀히 허락을 받으려고 합니다.

이런 풍조야말로 관료주의의 단적인 예입니다. 이미 물밑 작업이 끝난 사안을 가지고 하는 회의가 효율적일 리 없고, 이런 분위기 속에서는 점차 자기 혼자 책임지는 걸 회피하거나 공동 책임을 질 사람을 늘리려는 심리가 작동합니다.

이런 회의는 그야말로 단순한 의식에 불과합니다. 중요한 안건은 사전에 결론이 나 있고 사소한 의제만 의논하는 상황인 거죠. 활발한 논의가 이뤄지지 않으니 조직의 활성화는 도저히 바랄 수 없습니다.

실행보다 절차를 중시하는 회사는 쇠퇴할 수밖에 없습니다.

제가 사장에 취임했을 무렵의 분위기도 이와 다르지 않았습니다. 무슨 일이 있을 때마다 부장이나 담당자에게 "회의 전에 설명하고 싶으니 시간을 내주십시오"라는 말을 들었습니다. 그래서 사전 공작을 금지시켰습니다.

담당자가 스스로 결단을 내리고 책임감 있게 실행해야만 하는 구조로 바꾼 것입니다.

또한 제안서는 임원이나 부장이 제출하게 했습니다. 해당 부서의 책임자가 모든 것을 파악하고 리스크를 짊어진 채 실행하게 한 것입니다.

'담당자 의식'이 실행력에 큰 영향력을 주기 때문입니다.

지금은 활기 넘치는 회의로 바뀌어서, 그야말로 '지혜를 모으는 장場'이 되었습니다.

회의에서는 아무래도 발언하는 사람이 두세 명으로 제한되기 때문에, 제가 의장을 맡을 때는 여러 사람에게 발언의 기회를 줍니다. 모든 데이터를 머리에 넣어두지 않으면 곧바로 대답할 수 없기 때문에 출석자는 긴장감을 갖고 회의에 임합니다. 회의는 참가자가 능동적으로 의견을 낼 수 있는 환경을 만드는 것도 중요합니다.

회의를 위한 회의로 변질될지 어떨지는 구조에 달려 있습니다. 구조를 바꾸면 회의가 조직의 성장 엔진으로 기능할 수 있습니다.

5

자기 일을 구조화하는
힘을 키워라

'기본'이 있으면 '응용'할 수 있다

자신을 항상 업데이트하는 방법

일이란 무엇일까요?

이 본질적인 질문에 한마디로 대답하는 것은 어렵지만 저에게 일이란 살아가는 가치 그 자체라고 대답할 수 있을 것 같습니다.

사람은 하루 24시간 중에서 일에 가장 많은 시간을 씁니다. 여덟 시간 노동이라면 하루의 3분의 1, 즉 인생의 3분의 1은 일에 소비한다는 계산이 나옵니다. 사생활도 일과 마찬가지로 중요하지만 일을 충실하게 하는 것은 인생의 가장 큰 명제입니다.

일을 충실하게 하기 위해서는 동기부여를 어떻게 계속 유지할 것인지를 생각해야만 합니다.

같은 일을 계속하다 보면 아무래도 지루해져 매너리즘의 벽에 부딪

히게 되니까요.

동기부여를 유지하는 데 유용한 것이 바로 매뉴얼입니다.

그런 의미에서 매뉴얼은 조직만이 아니라 개인에게도 필요하겠죠.

매뉴얼대로 일하는 것을 수동적이라고들 하는데, 그것은 다른 사람이 만든 매뉴얼을 그대로 따르는 경우의 얘기입니다. 스스로 매뉴얼을 만들면 자신의 일을 전체적으로 파악할 수 있기 때문에 문제점과 과제를 찾을 수 있습니다.

스스로 문제점을 발견해 개선하고 실행하는, 'PDCA 사이클'이 돌게 하면 분명 생산성이 향상됩니다.

아마도 많은 사람들이 나름의 업무 방식을 갖고 있을 겁니다. 부장이나 과장급 정도가 되면 선임자로서의 경험이 축적되어 있겠죠.

그러나 선임자이기에 오히려 일을 무심히 흘려버려 성장이 멈출 위험도 있습니다.

어떤 일에든 일상적인 작업은 있게 마련이지만, 타성에 젖으면 큰 문제가 일어날 수도 있습니다.

의료 현장에서는 메디컬 인시던트(결과적으로 의료 사고는 아니지만 의료 사고로 직결된 뻔한 사례)가 많이 발생하고 있습니다.

매일 같은 환자에게 같은 약을 투여하다가 처방 분량이 바뀐 걸 늦게 깨닫거나, 수술 도중에 필요한 도구가 갖춰져 있지 않은 것을 뒤늦게 깨닫는 등 자칫 큰 사고가 될 뻔한 일들이 일상적으로 일어나고 있다고 합니다. 대부분의 메디컬 인시던트는 일상적인 업무가 익숙해져 벌어지는 경우가 많습니다. 아무리 긴박하게 돌아가는 위험한 현장이라도 매일 같은 작업을 되풀이하다 보면 사람의 감각은 무뎌지기 때문이죠.

피아노나 기타 줄은 방치하면 늘어집니다. 이를 막기 위해 정기적으로 조율과 조현을 해서 일정한 강도를 유지해야 하죠.

일에서도 긴장감을 유지하기 위해서는 조사가 필요합니다. 일상적인 업무야말로 매뉴얼이 있다면 그에 따라 항상 정교하게 일을 해내고 동기부여도 유지할 수 있겠죠.

자신만의 〈무지그램〉을 만들어라

자, 그럼 자신의 매뉴얼은 어떻게 만들면 좋을까요?

예를 들어 매일 아침 부서에서 조례를 한다면 그 내용을 적어봅니다.

① 모두가 인사를 한다
② 전달 사항을 알린다

③ 당번 사원이 1분간 발표를 한다

④ 기업의 이념을 복창한다

기업에 따라서는 체조를 하거나 사가社歌를 부르는 경우도 있습니다.

조례를 매일같이 하다 보면 어쩔 수 없이 매너리즘에 빠져 하품을 해대며 느릿느릿 출석하는 사람도 있을 겁니다. 그런 조례를 계속하게 되면 "전달 사항은 메일로 정리해서 보내는 게 효율적이지 않을까?"라는 지적이 나올지도 모릅니다.

이런 상황에서 왜 조례를 해야만 하는지를 제대로 설명할 수 있을까요? 설명할 수 없다면 당신도 타성에 젖어 있다는 증거입니다.

무엇을 위해 하는지를 확인하기 위해서라도 매뉴얼 만들기는 유용합니다.

그렇다면 조례 매뉴얼을 〈무지그램〉 식으로 만들어보면 어떨까요?

■ '조례'란

무엇: 업무 시작 전에 사원들이 모여 인사를 나누거나 전달 사항을 알리는 의식

왜: 부서 안의 사원끼리 의사소통하기 위해서

언제: 매일 아침 10분 동안

누가 : 모든 사원

'왜' 항목은 사원들의 사기를 높인다거나 기본적인 비즈니스 매너를 배우기 위해서라거나, 그 기업의 목적에 따라 변하겠죠.

그러므로 그 목적에 따라 조례 메뉴를 다시 살펴봅니다.

모두가 인사를 하기 위해서

인사는 커뮤니케이션의 기본이다.

- "안녕하십니까? 오늘도 잘 부탁드립니다"라고 분명히 발음한다.
- 배에 힘을 주며 소리를 낸다.
- 웃으며 인사한다.
- 인사를 할 때는 45도 각도로 상체를 숙이고 손은 가지런히 모은다.
- 다른 사람의 이야기를 들을 때는 고개를 들고 등을 꼿꼿이 편다.
- 아래를 보거나 목소리가 작거나 자세가 나쁘거나 하품을 하는 사람은 그 자리에서 주의를 준다.

전달 사항을 알리기 위해서

① 상사가 부하에게 전해야 하는 사항을 알린다.

- 이번 주의 목표

- .지난 주 목표의 달성도
- 전날 회의에서 결정된 것
- 다른 부서의 전달 사항
- 거래처의 클레임이 있을 경우 해당 내용 보고

② 부하의 전달할 사항이 있으면 듣는다.

여기서 조례의 '의사소통하기 위해서'라는 목적을 이 방법으로 실현할 수 있을지를 체크해봅니다.

인사 항목은 넘어가고요, 전달 사항을 알리는 항목은 어떤가요? 만약 일방적으로 상사가 지시 사항을 전달하기만 하는 것으로 여겨진다면, 어떻게 하면 쌍방향 커뮤니케이션을 할 수 있을지를 생각해봅니다.

우선 부하 직원에게 현재 맡고 있는 일의 진척 사항을 보고받고, 그에 대한 상사의 의견을 들려주면 커뮤니케이션이 보다 원활해지겠죠. 혹은 부하 직원에게 오늘 하루의 업무 스케줄을 보고하게 하고 빠진 게 있으면 지적하는 방법으로도 의사소통을 할 수 있을지도 모릅니다.

이처럼 매뉴얼을 만들면 지금의 업무 방식이 일의 본질에서 벗어났는지 아닌지를 확인할 수 있습니다.

조례와 같이 **관습이 되어버린 업무일수록 매뉴얼을 만들면 문제점이나 개**

선점을 찾기 쉽습니다. 그저 아무 생각 없이 해내던 일상 업무의 목적을 재확인하면 그에 따라 행동도 변하겠죠.

일은 그렇게 발견과 개선을 되풀이하는 과정을 통해 항상 업데이트 할 수 있습니다.

좋은 커뮤니케이션도 매뉴얼로 만들 수 있다

매뉴얼을 작업별로 만드는 방법이 있다면, 목적별로 만드는 방법도 있습니다.

부하 직원을 지도할 때, 상사를 대할 때, 거래처와 만날 때 등의 매뉴얼을 만들어두면 원활한 커뮤니케이션의 도구가 될 수 있습니다.

물론 상대가 사람이기 때문에 매뉴얼대로 잘되리라는 보장은 없지만 기본이 있으면 응용하기가 쉬워집니다. 자기 나름대로 접객 매뉴얼 같은 것을 만든다고 생각하고 도전해보세요.

여기서는 '부하 직원에게 주의 주기' 매뉴얼을 만들어보죠.

- **'부하 직원에게 주의 주기'란**

무엇: 부하의 실수나 문제를 바로잡는 행위

왜 : 부하에게 실수나 문제의 원인을 인식시키고 반성하게 함으로써 성장을 독려한다.

언제 : 부하가 실수나 문제를 일으켰을 때

누가 : 나(상사)

부하 직원에게 주의를 주기 위한 준비

• 주의를 줄 때는 반드시 둘만 있는 때를 고른다.

• 회의실 등 별도의 공간에서 말하는 게 바람직하다.

주의를 줄 때의 태도

• 팔이나 다리를 꼬지 않는다.

• 작업을 하면서 얘기하는 게 아니라 부하와 마주 앉는다.

• 상대가 서 있을 때는 서고, 앉아 있을 때는 앉는다.

• 감정적인 태도를 자제한다. 감정적으로 대할 것 같을 때는 심호흡하거나 일단 자리를 떠나 마음을 가라앉힌다.

주의를 줄 때의 순서

① 우선 부하 직원의 말을 듣는다.

• 내가 주의를 주기 전에 본인에게 설명하게 한다.

예: 같은 실수를 반복하는 부하 직원에게 "최근 실수가 잦은데 무슨 일이 있나?"라고 묻는다.

- 부하 직원의 말을 끊지 않고 끝까지 듣는다.
- 호응해주면서 들으면 부하 직원도 말하는 게 쉬워진다.

② 부하 직원의 실수나 잘못에 대한 나 자신의 느낌을 이야기한다.

- 나를 주어로 해서 어떻게 느끼는지를 전한다.

  예: "나는 자네에게 기대하고 있던 터라 좀 유감스럽군."
- 딮어놓고 혼내지 않는다.

  – "진지함이 부족한 거 아닌가?"

  – "도대체 몇 번이나 같은 말을 해야 알아듣겠나?"

  – "좀 더 잘할 거라고 생각했는데."

③ 상대방이 어떻게 생각하는지 묻는다.

- "자네는 어떻게 생각하나?" "왜 그렇게 되었다고 생각하나?"와 같이 상대방의 생각을 묻는다.
- 상대방의 대답이 어떻든 간에 비판하지 않고 받아들인다.

④ 어떻게 개선해야 할지 부하 직원 스스로 생각하게 한다.

- 내 입으로 먼저 해결책을 말하지 않는다. 내가 말하면 부하 직원은 자기 힘으로 문제를 해결할 수 없게 된다.
- 그 자리에서 개선책을 내놓지 못하면 "생각해보게"라고 말하고 문제를 보류해둔다.

부하 직원과 의사소통이 잘되지 않는 사람은 이런 걸 생각하는 것만으로 심란하겠지만, 매뉴얼을 만들면 스트레스를 줄이는 데도 도움이 됩니다.

감정적으로 화를 낼 게 아니라 예시로 적어둔 위의 매뉴얼대로 대화를 진행시키면 일이 잘못될 염려는 많지 않겠죠. 만약 대화가 잘되지 않으면 건네는 말을 바꿔보는 등 다른 방법을 생각하면 됩니다.

해서는 안 될 말이나 하면 좋은 말 등 자신만의 대화 포인트와 비결도 적어 넣으면 피가 통하는 매뉴얼이 됩니다. 신입사원과 경력사원을 대하는 방법을 따로 나눠 매뉴얼을 만들어도 좋습니다.

매뉴얼로 만들지는 않았더라도 실제로 이런 대처 방법은 누구나 가지고 있을 겁니다.

그래도 명문화하는 게 좋은 이유는 평소의 자기 행동을 돌아볼 수 있기 때문입니다.

부하 직원의 생각은 들어보지도 않고 무턱대고 혼내기만 하는 상사는 혼내기 전에 '주의를 주는 순서'를 생각해보면 자신의 지도에 문제가 있다는 것을 깨달을 수 있습니다. 만드는 단계에서 문제를 발견할 수 있다는 것이 매뉴얼의 효용입니다.

집안일노 기본이 있으면 응용이 쉽다

무인양품은 '일하는 보람이 있는 회사'라는 설문조사에서 2011년부터 3년 연속 25위 안에 들었습니다.

직원을 채용할 때는 남녀 차별 없이 능력 있는 사람을 채용하고 있고, 출산이나 육아, 간병 등과 관련한 복지 제도도 이른 단계에서 정비하고 있습니다. 아마도 그 점이 높은 평가를 받았겠죠.

일본 경제의 오랜 침체 탓에, 결혼 후에도 여성이 일해야만 하는 상황입니다.

맞벌이 가정에서 필수적으로 문제가 되는 것은 가사 분담이겠죠. 특히 아이들이 어릴 때는 육아로 인해 가사도 늘어나기 때문에 직장일과 집안일을 병행하기가 무척 힘듭니다.

그런 가정에서 '집안일을 위한 매뉴얼'을 만들어보면 어떨까요?

농담처럼 들리나요? 그래도 외면하지 말고 귀담아듣기를 바랍니다.

일 이외에도 기본을 정리해두면 그 후의 응용도 쉬운 법입니다.

예를 들어 '집안일 매뉴얼'을 아내들 가운데에선 필요 없다고 생각하는 사람이 많을지도 모르지만 남편에게는 정말 고마운 지침서가 될 겁니다.

아내에게 "세탁기 좀 돌려줘", "청소해줘"라는 말을 들어도 세제를 얼마나 사용하는지, 얼마 동안 돌려야 하는지, 빨래걸이는 어디에 있는지 등 남편은 기본적인 것조차 전혀 몰라 우왕좌왕하는 경우가 있죠.

가사 분담을 둘러싸고 싸움이 생겨 스트레스가 생긴다면, 집안일 매뉴얼을 만들어 누구든 그 일을 할 수 있게 하면 싸울 일도 사라지지 않을까요?

■ '세탁'이란

무엇: 가족이 입었던 옷을 세탁기로 빠는 가사 행위

왜: 가족에게 청결한 옷을 입히기 위해

언제: 매일 아침 또는 매일 밤

누가: 월수금은 ○○, 화목토는 ○○

이처럼 '세탁이란 무엇인가?'를 분명히 한 다음 '세탁 순서'를 생각합니다. 그저 '빤다'고 표기하는 게 아니라 '셔츠 종류는 색깔이 있는 것

과 하얀 것으로 구분한다(색이 드는 것을 방지하기 위해)'등 주의해야 할 점을 적어두면 망설임 없이 쉽게 집안일을 할 수 있습니다.

매뉴얼을 만들다 보면 세탁기로 세탁하는 작업 하나만 해도 다양한 과정이 있다는 것을 깨닫게 됩니다. 세탁물을 말리는 단계가 되면 다른 매뉴얼이 필요할지도 모르죠.

보통 아내는 별생각 없이 하는 집안일이지만 남편에게는 미지의 작업입니다. 이렇게 자세히 설명해주지 않으면 원하는 결과를 얻을 수 없습니다.

〈무지그램〉은 부부만이 아니라 아이들도 집안일을 도울 때 참고할 수 있습니다. 가정용 〈무지그램〉이니 가족들이 함께 모여 얘기하며 만드는 것도 좋겠지요.

그리고 〈무지그램〉은 업데이트하는 것입니다. 지금까지 혼자 했던 일을 가족이 여럿이서 나눠 하게 되면 "세탁물은 이렇게 분류하는 게 좋겠다"는 새로운 의견을 보탤 수 있습니다. 아이의 성장에 따라 바뀔 수도 있고요.

이를 바탕으로 가족이 함께 얘기하고 가장 좋은 방법을 생각하면 됩니다.

단순한 세탁일 뿐이라고 생각할지도 모르지만, 세탁기를 구입할 때 가족들과 몇 시간씩 얘기를 나누고 결정했다는 스티브 잡스의 일화가 있습니다. 유럽 제품을 살지, 미국 제품을 살지를 놓고 매일 저녁 식사 때마다 의논해 결국 유럽 제품을 선택했다고 합니다.

집안일도 관점을 바꾸면 가족을 이어주는 커뮤니케이션의 장이 될 수 있습니다.

지속적인 이익 창출의 원동력, 매뉴얼

'초심을 잊지 말아야 한다'는 말이 있습니다.

이것만큼 실행하기 어려운 말도 없죠.

저는 먹는 것도 마시는 것도 좋아하기 때문에 조금만 방심하면 체중이 금방 늘어납니다. 많게는 48킬로그램이나 늘어나 건강검진 때 고지혈증이라는 진단을 받기도 했습니다.

이런 지경이 되면 건강에 대한 위기감을 갖고 이른 아침에 달리기나 걷기를 시작합니다. 직업상 회식이 잦기 때문에 일주일에 이틀이나 사흘은 저녁으로 야채샐러드만 먹거나 아예 굶는 경우도 있습니다. 식사를 거르는 일은 처음에는 힘들었는데 3개월 정도 계속하니 위가 작아져서 기분 좋은 공복감을 유지할 수 있었습니다.

덕분에 몸무게가 13킬로그램이 줄어들어 몸도 가벼워지고 건강검진도 문제없이 통과해 마음이 놓였습니다. 그러다 또다시 방심하며 원래 생활로 돌아갔고 3년쯤 지나니 서서히 몸무게가 늘어나기 시작했습니다. 10년 후쯤 정신을 차리고 보니 제 몸무게는 또다시 80킬로그램대가 되어 있었습니다. 이렇게 몸무게가 줄었다 늘었다 하는 것이 30대, 40대, 50대까지 10년 주기로 반복되었습니다.

건강(몸무게) 관리는 기업(업무) 관리와 공통점이 있습니다.

무인양품에서 채택했던 다양한 구조 만들기에 대해 소개했지만, 어떤 구조도 10년 이상 지속되진 않습니다.

기업에 유익한 순환을 만들어내는 구조라고 해도 시대의 변화와 함께 효력이 떨어지게 마련이죠. 〈무지그램〉도 계속해서 업데이트하지 않으면 어느새 피가 통하지 않는 매뉴얼이 되어 선반 한구석에서 먼지를 뒤집어쓰고 놓여 있는 처지가 되겠죠.

저는 무인양품 워크숍 등에서 이 책에서 얘기했던 것을 사원들에게도 되풀이해 전하고 있습니다.

그런데 한 달쯤 지나 물어보면 98퍼센트 정도의 사람이 기억하지 못합니다. 그것은 그들 사원에게 의욕이 없는 것이 아니라, 인간이란 존재가 원래 그런 것입니다.

인간은 금방 잊어버리기 때문에 개선을 해도 금방 원상태로 돌아갑니다.

방만한 경영으로 회사가 기울어 사업을 재생시키는 프로그램의 힘을 빌려 필사적으로 다시 일으켜놓고도, 경영이 안정되면 또다시 괜한 일에 손을 대는 중소기업 경영자가 많습니다. "목구멍만 지나면 뜨거움은 잊는다"라는 말도 있듯이 사람은 쓴 경험이나 기억에 쉽게 등을 돌립니다.

늘 마음을 새롭게 하고 초심을 기억하기 위해서는 계속해서 실행하는 수밖에 없습니다. 그래서 저는 집요하다 싶을 정도로 구조를 만들어 왔고 앞으로도 계속 만들어나갈 것입니다.

자신의 매뉴얼을 만들거나 조직 안의 매뉴얼을 만들어도 그걸로 끝난 게 아니라 그때부터 시작입니다. 매번 문제의 싹을 찾아내 바로잡는 일을 거듭하다 보면 일의 방식도 세련되어집니다.

제대로 되지 않는 게 있다는 것은 너무나 당연한 일이고 좀처럼 결과로 이어지지 않는 경우도 있습니다. 그래도 문제를 회피하지 않고 행동하는 한 반드시 발전할 것입니다.

좋은 매뉴얼은 그렇게 **계속 달리기 위한 원동력**입니다.

6

무인양품에 2천 페이지의
매뉴얼이 있는 이유

'표준'이 없으면 '개선'도 없다

상품 개발부터 경영까지, 모든 일의 노하우

무인양품의 매뉴얼은 무인양품 매장에서 사용하고 있는 매뉴얼 〈무지그램〉과 점포개발부와 기획실 등 본사의 업무를 정리한 매뉴얼인 〈업무기준서〉로 나뉩니다. 이 두 가지 매뉴얼에는 **경영부터 상품 개발, 매장 디스플레이와 접객에 이르기까지 모든 일의 노하우**가 기록되어 있습니다.

〈무지그램〉은 2천 페이지에 달하며 그 속에는 사진이나 일러스트, 그림도 가득 실려 있습니다. 이 정도의 방대한 매뉴얼을 만든 것은 개인의 경험이나 감에 의존하고 있던 업무를 '구조화'해 노하우로 축적하기 위해서입니다.

그렇다면 왜, 개인의 경험과 감을 축적시키려고 했을까요?

'팀의 실행 능력을 높이기 위해서'가 하나의 답입니다. 업무에서 어

무지그램 MUJIGRAM

1 매장에 서기 전에	**2** 계산대 업무와 경리	**3** 점포 내 업무(접객)
4 배송	**5** 매장 꾸미기	**6** 상품관리
7 후방 업무	**8** 노무관리	**9** 위기관리
10 출점 준비	**11** 점포 매니지먼트	**12** 파일링
∗ 판매 스태프 TS		

업무기준서

1a 의복잡화부	**1b** 생활잡화부 · 식품부
2 카페 · 식품사업부 · 품질보증부 · 채널개발부	
3 판매부 · 업무개혁부 · 고객실	**4** 해외사업부
5a 선전판촉실 · 유통 추진 담당	**5b** 점포개발부
6 정보 시스템 담당 · 기획실	**7** 경리 재무 담당
8 총무 인사 담당	**9** 무지 웹사이트 담당

떤 문제가 발생했을 때 그 자리에 상사가 없더라도 매뉴얼을 보면 망설임 없이 판단해 문제를 해결할 수 있습니다. 오로지 그것만으로도 업무 실행 능력이 생기고 생산성이 높아지겠죠.

장점은 이것만이 아닙니다.

앞서 소개했듯 매뉴얼 각 항목의 맨 처음에는 무엇을 위해 그 작업을

[업무에 나서기 전에 해야 할 일]

예 — 계산대 매뉴얼

(1) 계산 대응은

- **〈무엇〉** 고객이 구입하는 상품의 대금을 알려주고 상품을 건네는 고객 대응
- **〈왜〉** 계산은 점포 업무의 20퍼센트를 차지하는 중요한 일이기 때문에(그래프 참조)
- **〈언제〉** 수시로
- **〈누가〉** 모든 스태프
- ※ 많은 점포에서는 하루에 천 명의 고객이 계산대를 통과합니다.
- ※ '사기를 잘했다', '괜찮은 가게네'라고 생각하게 될 수 있는 기회가 많은 공간이기도 합니다.

하는지, '작업의 의미와 목적'이 적혀 있습니다. 이것은 '어떻게 행동하는가?'만이 아니라 **'무엇을 실현하는가?'라는 물음을 통해 업무의 중심을 탄탄하게 하기 위해서입니다.**

작업의 의미를 이해하면 문제점과 개선점을 발견할 수 있습니다. 매뉴얼은 실행 능력을 키우는 텍스트이자, 자신이 '어떻게 일하는가?'를 생각하기 위한 나침반이기도 합니다.

이 매뉴얼은 우리 기업의 비밀과 관련되어 있는 것이어서 원래는 회사 밖으로 가지고 나가는 것이 엄격히 금지되어 있습니다. 하지만 이 책에서는 특별히 일부를 공개하려 합니다.

이를테면 가게의 '얼굴'인 점포의 디스플레이는 지나가는 사람의 눈길을 끌고 흥미를 갖게 하고 가게 안으로 끌어들여야 합니다.

마네킹 코디네이트는 그야말로 센스와 경험이 필요한 작업으로 여겨지는데, 무인양품에서는 이것도 매뉴얼로 만들어 운영하고 있습니다.

코디네이트를 본격적으로 공부하려면 배워야 할 게 한도 끝도 없지만 〈무지그램〉에서는 달랑 한 페이지 속에 모든 포인트를 담았습니다.

"실루엣을 △이나 ▽ 형태로 한다", "옷에 들어가는 색깔은 세 가지 이내로 한다." 기본은 이 두 가지뿐입니다. 참고용으로 '색에 대한 기본 지식'을 설명한 별첨 페이지도 있습니다.

이것만으로도 누구나 조심스럽게 옷들을 매칭할 수 있습니다. 극단적으로 말하면 신입사원이라도 마네킹을 코디네이트할 수 있는 것이죠.

어떤 작업이든 '잘할 수 있는 법칙'이 있습니다. 그것을 발견해 표준화한 것입니다.

[매뉴얼로 만들 수 없는 것은 없다]

예 — 쇼윈도 디스플레이 매뉴얼

(12) 마네킹 코디네이트의 포인트에 대해

■ **실루엣 밸런스** – 실루엣은 △이나 ▽ 형태로 밸런스를 조정합니다.

상의가 길면 하의는 짧거나 딱 붙는 형태로▽의
균형을 맞춥니다.

사이즈가 큰 상의의
경우 하의는 최대한
작게 해 ▽의 균형을
맞춥니다.

마네킹을 두 개 이상 놓을 때는 무늬있는 옷을
포함시키면 악센트를 줄 수 있습니다.

■ **컬러 밸런스** – 기본 컬러는 세 가지 이내로 줄입니다.

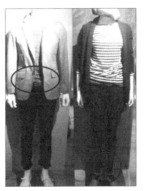

3색 사용의 예

3색 사용의 예

벨트와 가방은 하나의 악센트 컬러로 통일하면
단정해집니다.

스카프는 옷과 색상을
맞춰 조화롭게 정리
합니다.

경험이 필요하다고 생각되는 업무도 간결하게 표준화한다

무인양품의 상품 태그에는 '상품명'과 '내용'이 기록되어 있습니다. 이 태그 한 장으로 상품을 설명함과 동시에 '무인양품다움'을 드러내야만 합니다.

만약 담당자가 각자의 생각만 담는다면 표기도 뉘앙스도 제각각일 겁니다. 그 때문에 〈업무기준서〉에서는 상품명과 카피를 만드는 방법도 정해놓았습니다.

"무인양품의 상품명 짓는 방법 = 무엇보다 고객이 이해하기 쉽게 지을 것."

"울이나 마, 면 같은 천연 소재의 명칭을 사용한다. 대신 코튼이나 햄프 같은 용어는 사용하지 않는다."

"화려한 문구는 사용하지 않는다. 정직한 상품을 말하는 데는 정직한 언어로."

이처럼 읽는 사람에게 무인양품의 이념까지 전할 수 있도록 설명되어 있습니다.

이런 기준을 만들자 '무인양품다움'이 서서히 부각되었습니다. 실제로 태그를 본 손님들에게도 그 점이 전해졌겠죠.

[회사의 이념은 '매뉴얼'을 통해 드러난다]

예 — 상품명을 붙이는 매뉴얼

업무 개요(목적, 기본적인 사고방식, 포인트)

I. 고객이 이해하기 쉬운 '상품명'과 개발 의도를 전하는 '카피'를 작성한다.

무인양품의 상품명 짓는 방법 = 무엇보다 고객이 이해하기 쉽게 지을 것
그다음으로 그 상품을 최대한 표현할 수 있는 상품명을 생각한다.
포인트는 상품마다 다르다.
무인양품에서 가장 전하고 싶은 것 | 고객이 가장 알고 싶어하는 것 | 고객이 식별할 수 있는 것 | 시장의 요청
(국산 등)

내용	순서
1. '상품명'과 '카피' 원안 작성	①-2 카피 '시작은, 상품의 상태' 화려한 문구는 사용하지 않는다. 정직한 상품을 말하는 데는 정직한 언어로 · 어느 부분이 어떻게 무인양품을 표현하는지, 객관적인 근거를 명확히 드러낸다. · 전하고 싶은 것의 우선순위를 정한다(모든 것을 전하려고 하면 아무것도 전하지 못한다). · 간결하고 쉽게 표현한다. · 업계 용어와 전문용어를 최대한 피하고 이해하기 쉬운 단어로 표현한다. · 소재 브랜드 등의 상표에 의존하지 않는다. · 유행어 혹은 지나치게 감각적이고 정서적인 표현은 피한다. ② 검증 · 원안 완성 - 그 상품을 최대한 살릴 수 있는 상품명인가 · 무인양품에서 가장 전하고 싶은 것 · 고객이 가장 알고 싶어하는 것 · 고객이 식별할 수 있는 것 · 시장의 요청(국산 등) 기본형 → 작성검증 · 완성 면 폴리에스테르 차광 커튼 → 면 폴리에스테르 차광 커튼 〈확인할 포인트〉 순서, 위치(1단이냐 2단이냐), 내용과의 관계 · 앞세운 포인트는 적절한가

········· 한 번 읽으면 회사의 이념도 알 수 있다

매뉴얼은 '그 회사가 중요하게 생각하는 것'도 분명히 보여줄 수 있게 작성되어야 합니다.

무인의 매뉴얼 ❸ 일의 효율을 높이는 방식

업무 효율도 '구조'에 의해 높아집니다.

무인양품 본사에서는 '오후 6시 30분 이후에는 야근하지 않는다'라는 규칙을 만들었는데요. 그러자 '야근을 하지 않기 위해 무엇을 우선해야 할까, 무엇을 줄일까'를 생각하기 시작했습니다. 자연스럽게 업무 생산성이 높아지는 행동을 하게 되었습니다.

또 어떤 부서에서는 '거래처 명함을 공유한다', '상담 내용을 공유한다'라는 구조가 있습니다. 이를 통해 거래처 담당자를 검색하는 노력과 시간의 낭비를 줄일 수 있고 상담 대상이 중복되는 것도 피할 수 있었습니다.

구조를 만들어 공유하고 실천하고 개선해나가면, 쓸데없는 작업은 줄어들고 소모적인 업무가 사라집니다. 그러니 여유를 갖고 업무에 임할 수 있겠죠. 업무 효율도 오를 수밖에 없지요.

['효율을 올린다', '팀의 힘을 올린다'는 것은?]

예 — 정보를 공유하는 구조

점포개발부 업무기준서						

업무	명함 관리					

대항목	실시 빈도			실시자		
관리	목차		연간			…
중항목	주차		수시	○		…
관리	월차					…
소항목	사반기		**전 개정**	**담당**	**개정일**	…
명함 관리	반기		2010.7.7	○○○	2011.8.2	

업무 개요(목적, 기본적인 사고방식, 포인트)

〈무엇〉 거래처 등의 명함을 관리한다.

〈왜〉 거래처 담당자 정보(회사명, 부서, 직책, 연락처, 상담 일시 등) 검색의 효율화와 정보 공유를 위해

〈언제〉 수시로

〈누가〉 과장

명함 정보를 공유한다

상담일을 기록

상담한 회사를 기록한다. 주식회사, 유한회사 등의 분류도 기록한다.

상담 시간을 분 단위로 기록한다. 점포개발부에서는 상담 시간을 40분으로 설정하고 있다.

출석자를 체크한다.
○ 기록자
● 동석자

상담 내용을 토대로 답변해야 할 경우 답변 대기를 체크한다.

대상 물건의 이름과 소재지를 기록한다.

A	B	C	D	E	F	G	H	I	J	K	L	M	N	O	P	Q	R	…
		일시	상담 거래처		시간	장소	담당자								대기	필요	물건	
		일자	회사	담당자			가	나	다	라	마	바	사	기타				
834	834	2012/2/17/(금)	주식	회사 스즈키	40	본사	●			●		○				○		…
835	835	2012/2/21/(화)	주식	회사 구보타 오야마 야스이	50	본사	●		●		○						각점	…
836	836	2012/2/21/(화)	주식	회사 가와다	40	본사			●	○								…
837	837	2012/2/22(수)	주식	회사 고바야시 기타지마	50	본사			●									…
838	838	2012/2/22(수)	주식	회사 시로타	40	본사			●	○								…

상담 내용을 공유한다

무인양품처럼 전국적으로 프랜차이즈 사업을 전개하는 업종에서는 '어디에 가게를 낼 것인가?'가 경영의 성공 여부를 결정짓는 포인트가 됩니다.

무인양품의 〈업무기준서〉에는 이 '출점의 가부 판단' 방법까지 정해져 있습니다.

후보지에 관한 정보 수집 방법부터 현지 조사 방법, 출점했을 경우의 판매 예측 방식 등 출점에 관한 평가 업무를 매뉴얼로 만든 것입니다. 수집한 데이터를 바탕으로 점수를 매기고 S → A → B → C → D……로 평가해, C 이상의 평가를 받은 후보지를 검토합니다.

이 일련의 흐름을 구조화함으로써 개발 담당자의 인상이나 감으로 판단하는 것을 막고 누구나 똑같이 평가할 수 있게 했습니다.

해외에 출점하는 경우에도 해외용 출점 기준을 만들어 평가한 후 출점 여부를 결정하고 있습니다. 해외 사업 전개를 성공으로 이끄는 비밀도 구조에 있는 것이죠.

['인상'과 '감'을 배제한다]

예 — 출점 후보지를 평가하는 매뉴얼

(평가 항목)				
마켓 평가	마켓	점포 평가	매장 면적	
	마케 평가면적		무지 웹사이트 멤버	
	소매 판매액		배송	
	인구		고객실	
	20~40대 인구 비율		기존 점포 평가	
	1인당 판매액	합계		
	주·야간 인구 비율			
	인구 밀도			
	소득 격차			
상업 시설 평가	역 접근성			
	건물을 드나드는 인구			
	주차장 대수			
	점포 수			
	판매			
	매장 면적			
	평수 효율			

(채점한다)

점수	조리기
93	S
89	A
84	B
62	C
48	D
33	E
미만	F

약 20개 항목을 바탕으로 점수를 매겨 출점 지역의 후보를 줄인다
누구나 동등하게 평가할 수 있는 '정량적인 항목'을 설정한다

'이렇게 하는 편이 더 나은데'를 모은다

〈무지그램〉을 본 회사 외부 사람들은 어김없이 "이런 것까지 적습니까?"라며 놀랍니다.

예를 들어 무인양품의 점포에서는 다섯 종류의 행거를 사용하고 있는데 각각의 행거에 양복을 거는 경우에 주의할 점까지 사진을 넣어 설명하고 있습니다.

'이 정도는 말로 하면 되는 것 아닌가?'라고 생각하는 것까지 명문화해야 합니다. 이것은 '구조의 세부 사항'이야말로 매뉴얼로 만들어야 한다는 생각이 있기 때문입니다.

무인양품에서는 고객들이 어떤 점포에 가더라도 같은 분위기에서, 같은 서비스를 받을 수 있게 하는 것을 목표로 삼고 있습니다. 점포의 분위기는 가게 안의 레이아웃과 상품 진열 방식, 스태프의 태도, 청소 방법 등의 '세부 사항'이 모여서 만들어지는 것인데, 이런 '세부 사항'을 종종 개인 각자에게 맡기곤 합니다. 그러면 회사에서 통일하기가 어렵습니다. 매뉴얼의 필요성이 바로 여기 있습니다.

'너무 사소한 것까지 정해져 있으니까 조금 귀찮다', '너무 판에 박힌 업무가 될 것 같다'고 생각하는 사람도 있을지 모릅니다.

사실은 그 반대입니다. 매뉴얼은 오히려 작업에 활기를 불어넣어줌니다.

무인양품의 매뉴얼은 현장에서 일하는 스태프들이 '이렇게 하는 편이 더 나은데'라고 느낀 점을 한데 쌓고 쌓아서 만든 지혜입니다.

또한 현장에서는 매일 문제점과 개선점이 발견되고 **매뉴얼은 매달 갱신됩니다.** 업무의 추진 방식은 점점 더 새로워지고 자연스럽게 개선할 점을 찾으면서 일하게 됩니다.

이처럼 업무가 정체되지 않고 항상 '움직이고 있는' 모습을 저는 '피가 통한다'라고 표현합니다. 그리고 〈무지그램〉과 〈업무기준서〉는 무인양품의 혈관입니다.

혈관이 막히면 조직도 사람도 동맥경화를 일으키죠. 계속해서 성장하지 않으면 순식간에 노쇠해지는 것이 기업이라는 생물입니다. 현상유지란 있을 수 없습니다.

반대로 매뉴얼이 끊임없이 갱신되는 한 성장은 멈추지 않습니다. 업무 매뉴얼은 성장을 도모하는 바로미터이기도 합니다.

여러분의 회사는 어떻습니까?

추주해하지 말고,
머무르지 말고,
자만하지 말고

'막번뇌莫煩惱.' 이 말은 제가 사장에 막 취임했을 때 수첩에 적어놓은 단어입니다.

가마쿠라 막부 시대의 집권 세력인 호조 도키무네北条時宗는 원나라의 침략을 당해 고민에 빠져 있었습니다. 원나라의 두번째 침략 전, 그가 겐초지建長寺라는 절을 방문해 무가쿠조겐無学祖元 대사에게 가르침을 청하자, 대사는 종이에 이 단어를 적어 도키무네에게 건넸다고 합니다.

'번뇌하지 마라. 망설임 없이, 고민 없이 그저 눈앞에 있는 일에 나서라.' 저는 이 말에서 그런 가르침을 얻었습니다.

리더가 개혁을 실행할 때는 반드시 다양한 장애물이 길을 가로막습니다.

부하 직원들의 저항도 있고 경비 문제도 생깁니다. 또는 주주들이 반대하고 나서기도 하지요. 벽이 나타난다고 해서 거기서 후퇴하는 것은 리더에게는 허락되지 않습니다. 자신이 생각한 전략을 믿고 밀고 나가야만 하죠.

"부하 직원을 잘 지도할 수 없어요", "우리 팀은 좀처럼 성과를 내지 못해요"와 같은 어려움에 빠진 사람이 적지 않습니다.

저는 역경이야말로 보물이라고 생각합니다.

저 역시 매사가 순조로웠다기보다 역경을 겪을 때 오히려 성장한 것 같습니다.

제가 세이유에서 무인양품으로 간 것은 좌천이었습니다.

세이유에 있었을 때 저는 눈치를 보며 일하는 타입이 아니었습니다. 늘 주류에 끼지 못하고 집단 끄트머리에서 제 페이스대로 일을 했기 때문에 상사의 속을 끓였죠. 아마도 그것이 좌천의 원인이 아니었을까 생각합니다.

당시 무인양품은 세이유의 프라이빗 브랜드PB였습니다. 무인양품으로의 인사이동이 결정되었을 때는 솔직히 충격을 받았지만, 저는 주어진 장소에서 전력을 다하지 않는 것을 더 못 견디는 성격이었습니다.

무인양품으로 옮겨 간 뒤 총무인사부의 과장이 되었습니다. 산적해 있는 과제에 뛰어들어 성과를 남기기 위해 부단히 노력했습니다. 그러는 가운데 좋은 평가를 받아 성장했던 거지요.

제가 신입사원 입사식 때 자주 하는 말이 있습니다.

"초조해하지 말고, 머무르지 말고, 자만하지 마세요."

저는 이 세 가지 마음가짐이 중요하다고 얘기합니다. 이것은 신입사원뿐만 아니라 어느 누구에게나 중요한 마음가짐이겠죠. 이 세 가지를 실천하면 기회가 남아 있지만, 만약 실행하지 못하면 기회는 없어질 것입니다.

'인간만사 새옹지마'라는 고사성어도 있듯이 상황이 어떻게 변할지는 아무도 모릅니다. 당장은 인생의 바닥에 있는 것 같아도 언젠가 호

전될지 모릅니다.

상황이 좋을 때도 나쁠 때도 자신을 갈고닦는 기회라고 생각하고, 머무르지 말고 눈앞의 할 일을 하나씩, 결과를 남길 수 있도록 계속 해나가는 수밖에 없습니다.

관리자의 자리에 오르면 갑자기 콧대가 높아져 부하 직원을 자기 수하처럼 부리는 사람이 정말 많습니다. 부하 직원의 공적을 자기 것으로 가로채는 관리자도 있는데 그런 사람을 부하 직원들이 따를 리 없습니다. 결과적으로 아랫사람을 제대로 관리하지 못하는 사람으로 평가되어 강등당하는 경우도 자주 있습니다.

리더의 할 일은 혼자서 솔선해서 열심히 목표를 달성하는 게 전부가 아닙니다. 부하 직원이 솔선해서 행동할 수 있는 구조를 만들고 부하 직원의 의식을 바꾸는 것이 리더에게 부과된 사명입니다.

조직에서도 '초조해하지 말고, 머무르지 말고, 자만하지 말고'라는 이념은 소중합니다. 그렇기 때문에 오히려 매뉴얼을 만들어 절망과 자만을 피해야 하는 것입니다.

역경은 오히려 길을 개척하게 해줍니다. 개혁은 하루아침에 이루어지지 않지만, 초조해하지 말고, 머무르지 말고, 자만하지 말고 계속 추진해나간다면 언젠가 자신이 믿는 길과 이어질 것입니다.

마쓰이 타다미쓰

옮긴이 민경욱

1969년 서울에서 태어나 고려대학교 역사교육과를 졸업하고 전문번역가로 활동하고 있다. 인터넷 관련 회사에 근무하며 1998년부터 일본문화포털 '일본으로 가는 길'을 운영했으며 현재는 전문번역가로 활동하며 일본 문화 블로그 '분카무라(www.tojapan.co.kr)'로 일본 마니아들과 교류하고 있다. 옮긴 책으로는 요시다 슈이치의 《거짓말의 거짓말》《첫사랑 온천》《여자는 두 번 떠난다》, 이사카 고타로 《SOS 원숭이》《바이, 바이, 블랙버드》, 누마타 마호카루 《유리고코로》《9월이 영원히 계속되면》《핸드메이드 레시피》, 이시카와 나오키 《최후의 모험가》, 야마자키 료 《커뮤니티 디자인》, 히가시노 게이고 《11문자 살인사건》《브루투스의 심장》《백마산장 살인사건》《아름다운 흉기》《몽환화》 등이 있다.

무인양품은 90%가 구조다

첫판 1쇄 펴낸날 2014년 10월 10일
　 18쇄 펴낸날 2023년 1월 27일

지은이 마쓰이 타다미쓰　옮긴이 민경욱
발행인 김혜경
편집인 김수진
편집기획 김교석 조한나 김단희 유승연 김유진 임지원 곽세라 전하연
디자인 한승연 성윤정
경영지원국 안정숙
마케팅 문창운 백윤진 박희원
회계 임옥희 양여진 김주연

펴낸곳 (주)도서출판 푸른숲
출판등록 2003년 12월 17일 제2003-000032호
주소 경기도 파주시 심학산로 10(서패동) 3층, 우편번호 10881
전화 031)955-9005(마케팅부), 031)955-9010(편집부)
팩스 031)955-9015(마케팅부), 031)955-9017(편집부)
홈페이지 www.prunsoop.co.kr
페이스북 www.facebook.com/prunsoop　　인스타그램 @prunsoop

ⓒ푸른숲, 2014
ISBN 979-11-5675-525-8 (13320)